长期经济增长的趋势与动力研究：国际比较与中国实证

The Trend and Engine of Long-run Economic Growth:
International Comparison and China's Empirics

楠 玉 著

经济管理出版社
ECONOMY & MANAGEMENT PUBLISHING HOUSE

图书在版编目（CIP）数据

长期经济增长的趋势与动力研究：国际比较与中国实证 / 楠玉著. —北京：经济管理出版社，2019.4

ISBN 978-7-5096-6470-4

Ⅰ. ①长… Ⅱ. ①楠… Ⅲ. ①中国经济—经济增长—研究 Ⅳ. ①F124.1

中国版本图书馆 CIP 数据核字（2019）第 054421 号

组稿编辑：宋　娜
责任编辑：宋　娜　田乃馨　张馨予
责任印制：黄章平
责任校对：陈　颖

出版发行：经济管理出版社
（北京市海淀区北蜂窝 8 号中雅大厦 A 座 11 层　100038）
网　　址：www. E-mp. com. cn
电　　话：(010) 51915602
印　　刷：三河市延风印装有限公司
经　　销：新华书店
开　　本：720mm×1000mm/16
印　　张：13
字　　数：213 千字
版　　次：2019 年 7 月第 1 版　　2019 年 7 月第 1 次印刷
书　　号：ISBN 978-7-5096-6470-4
定　　价：98.00 元

第七批《中国社会科学博士后文库》编委会及编辑部成员名单

本书由国家社会科学基金项目“纠正人力资本错配促进经济高质量增长研究”（18BJL025）资助

序　言

博士后制度在我国落地生根已逾30年，已经成为国家人才体系建设中的重要一环。30多年来，博士后制度对推动我国人事人才体制机制改革、促进科技创新和经济社会发展发挥了重要的作用，也培养了一批国家急需的高层次创新型人才。

自1986年1月开始招收第一名博士后研究人员起，截至目前，国家已累计招收14万余名博士后研究人员，已经出站的博士后大多成为各领域的科研骨干和学术带头人。其中，已有50余位博士后当选两院院士；众多博士后入选各类人才计划，其中，国家百千万人才工程年入选率达34.36%，国家杰出青年科学基金入选率平均达21.04%，教育部“长江学者”入选率平均达10%左右。

2015年底，国务院办公厅出台《关于改革完善博士后制度的意见》，要求各地各部门各设站单位按照党中央、国务院决策部署，牢固树立并切实贯彻创新、协调、绿色、开放、共享的发展理念，深入实施创新驱动发展战略和人才优先发展战略，完善体制机制，健全服务体系，推动博士后事业科学发展。这为我国博士后事业的进一步发展指明了方向，也为哲学社会科学领域博士后工作提出了新的研究方向。

习近平总书记在2016年5月17日全国哲学社会科学工作座谈会上发表重要讲话指出：一个国家的发展水平，既取决于自然科学发展水平，也取决于哲学社会科学发展水平。一个没有发达的自然科学的国家不可能走在世界前列，一个没有繁荣的哲学社会科学的国家也不可能走在世界前列。坚持和发展中国特色社会主义，需要不断在实践中和理论上进行探索、用发展着的理论指导发展着的实践。在这个过程中，哲学社会科学具有不可替代的重要地位，哲学社会科学工作者具有不可替代的重要作用。这是党和国家领导人对包括哲学社会科学博士后在内的所有哲学社会科学领域的研究者、工作者提出的殷切希望！

中国社会科学院是中央直属的国家哲学社会科学研究机构，在哲学社会科学博士后工作领域处于领军地位。为充分调动哲学社会科学博士后研究人员科研创新的积极性，展示哲学社会科学领域博士后的优秀成果，提高我国哲学社会科学发展的整体水平，中国社会科学院和全国博士后管理委员会于2012年联合推出了《中国社会科学博士后文库》（以下简称《文库》），每年在全国范围内择优出版博士后成果。经过多年的发展，《文库》已经成为集中、系统、全面反映我国哲学社会科学博士后优秀成果的高端学术平台，学术影响力和社会影响力逐年提高。

下一步，做好哲学社会科学博士后工作，做好《文库》工作，要认真学习领会习近平总书记系列重要讲话精神，自觉肩负起新的时代使命，锐意创新、发奋进取。为此，需做到：

第一，始终坚持马克思主义的指导地位。哲学社会科学研究离不开正确的世界观、方法论的指导。习近平总书记深刻指出：坚持以马克思主义为指导，是当代中国哲学社会科学区别于其他哲学社会科学的根本标志，必须旗帜鲜明加以坚持。马克思主义揭示了事物的本质、内在联系及发展规律，是"伟大的认识工具"，是人们观察世界、分析问题的有力思想武器。马克思主义尽管诞生在一个半多世纪之前，但在当今时代，马克思主义与新的时代实践结合起来，越来越显示出更加强大的生命力。哲学社会科学博士后研究人员应该更加自觉地坚持马克思主义在科研工作中的指导地位，继续推进马克思主义中国化、时代化、大众化，继续发展21世纪马克思主义、当代中国马克思主义。要继续把《文库》建设成为马克思主义中国化最新理论成果宣传、展示、交流的平台，为中国特色社会主义建设提供强有力的理论支撑。

第二，逐步树立智库意识和品牌意识。哲学社会科学肩负着回答时代命题、规划未来道路的使命。当前中央对哲学社会科学愈加重视，尤其是提出要发挥哲学社会科学在治国理政、提高改革决策水平、推进国家治理体系和治理能力现代化中的作用。从2015年开始，中央已启动了国家高端智库的建设，这对哲学社会科学博士后工作提出了更高的针对性要求，也为哲学社会科学博士后研究提供了更为广阔的应用空间。《文库》依托中国社会科学院，面向全国哲学社会科学领域博士后科研流动站、工作站的博士后征集优秀成果，入选出版的著作也代表了哲学社会科学博士后最高的学术研究水平。因此，要善于把中国社会科学院服务党和国家决策的大智库功能与《文库》的小智库功能结合起来，进而以智库意识推动品牌意识建设，最终树立《文库》的智库意识和品牌意识。

第三，积极推动中国特色哲学社会科学学术体系和话语体系建设。改革开放30多年来，我国在经济建设、政治建设、文化建设、社会建设、生态文明建设和党的建设各个领域都取得了举世瞩目的成就，比历史上任何时期都更接近中华民族伟大复兴的目标。但正如习近平总书记所指出的那样：在解读中国实践、构建中国理论上，我们应该最有发言权，但实际上我国哲学社会科学在国际上的声音还比较小，还处于“有理说不出、说了传不开”的境地。这里问题的实质，就是中国特色、中国特质的哲学社会科学学术体系和话语体系的缺失和建设问题。具有中国特色、中国特质的学术体系和话语体系必然是由具有中国特色、中国特质的概念、范畴和学科等组成。这一切不是凭空想象得来的，而是在中国化的马克思主义指导下，在参考我们民族特质、历史智慧的基础上再创造出来的。在这一过程中，积极吸纳儒、释、道、墨、名、法、农、杂、兵等各家学说的精髓，无疑是保持中国特色、中国特质的重要保证。换言之，不能站在历史、文化虚无主义立场搞研究。要通过《文库》积极引导哲学社会科学博士后研究人员：一方面，要积极吸收古今中外各种学术资源，坚持古为今用、洋为中用。另一方面，要以中国自己的实践为研究定位，围绕中国自己的问题，坚持问题导向，努力探索具备中国特色、中国特质的概念、范畴与理论体系，在体现继承性和民族性、体现原创性和时代性、体现系统性和专业性方面，不断加强和深化中国特色学术体系和话语体系建设。

新形势下，我国哲学社会科学地位更加重要、任务更加繁重。衷心希望广大哲学社会科学博士后工作者和博士后们，以《文库》系列著作的出版为契机，以习近平总书记在全国哲学社会科学座谈会上的讲话为根本遵循，将自身的研究工作与时代的需求结合起来，将自身的研究工作与国家和人民的召唤结合起来，以深厚的学识修养赢得尊重，以高尚的人格魅力引领风气，在为祖国、为人民立德立功立言中，在实现中华民族伟大复兴中国梦的征程中，成就自我、实现价值。

是为序。

中国社会科学院副院长

中国社会科学院博士后管理委员会主任

2016年12月1日

摘 要

改革开放以来，中国实现了持续30多年的快速经济增长，人均GNI从1978年的190美元增长至2016年的8260多美元，成功实现了从低收入国家向中等收入国家的跨越。但是经过多年的快速经济增长，中国经济正向“新常态”过渡，而“新常态”的一个突出特征是经济从高速增长逐渐过渡为中高速增长。2001~2012年中国经济年均增长率为10.1%，而2015年和2016年中国经济年均增长率分别为6.9%和6.7%，2017年GDP增长率为6.9%。根据中国经济增长前沿课题组预测，未来5年预期年均增长率介于6.4%~7.8%；国务院发展研究中心“中长期增长”课题组预测，未来10年平均增长速度为6.5%左右。以上数据显示，2011年以来，我国经济增速首次告别“两位数”的增长，进入中高速增长阶段，这被认为是中国经济“新常态”的表现。2010年，中国人均GNI达到4035美元，跨过了世界银行2012年关于“中等偏高收入”国家的界定标准（3975美元），成功跻身中等偏高收入国家行列。同时，党的十九大报告明确规划了从2020年至21世纪中叶全面建设社会主义现代化国家的两阶段奋斗目标，并强调“从现在至2020年，是全面建成小康社会决胜期”。因此，中国能否跨越当前中等收入阶段，顺利进入高收入增长阶段，成为当前众多学者关注的焦点。

本书通过对增长加速和增长减缓进行数值化界定，并以此为依据筛选出中国及各省份1960~2012年的增长加速和增长减缓的时间节点，进而对中国及各省份长期经济增长特征和趋势进行分析和描述。同时，借鉴跨国增长经验比较和实证模型分析，挖掘中国经济实现稳定增长的动力之源，为当前“经济新常态”形势下中国如何通过转方式、调结构，尽快走出连续增长减缓阶段的政策实施提供理论依据和数据支撑。本书的研究内容主要包括以下几个方面：

（1）本书借鉴前人的研究成果，同时考虑中国人口基数大、人均收入水平较低的现状，放松对人均 GDP 的约束来对增长加速和增长减缓进行数值化界定，并以此为依据筛选出中国及各省份 1960~2012 年的增长加速和增长减速的时间节点进行分析。通过本书的统计描述和实证分析发现：首先，整体而言，1960~2012 年中国经济共有 6 个增长减缓点和 14 个增长加速点。中国经济增长虽然出现较多增长加速年份，但部分年份也出现连续的经济增长减缓，也即中国经济增长呈现出周期性的波动态势。其次，不管是经济增长加速点，还是经济增长减缓点，基本上都是在连续时间段出现的，这意味着中国经济增长在某种程度上呈现出“惯性”特征。最后，对中国各个省份 1952~2012 年经济增长路径的增长加速拐点频数及加速过程区域转移情况的分析发现，整体上各个省份经济在其增长路径上都频繁经历增长加速，但在 2003 年后，中国经济增长的加速过程发生区域转移。沿海和发达省份在 2003 年后增长加速过程逐渐消失，经济增长趋于稳定，但是中西部省份加速增长过程依然明显，中西部潜在的增长动力将是引致整体经济稳定增长的引擎。

（2）本书从结构性因素、社会与环境因素、官员腐败因素三个方面实证考察了阻碍中国经济加速增长之源，并得出如下三个主要结论：首先，中国的产业结构变迁对经济增长的影响具有阶段性特征。具体而言，随着工业产值所占比重的逐渐提高，中国经济加速的可能性先增大后减小。其次，尽管人口红利是造就中国经济奇迹的重要推动力量，但是面临“刘易斯拐点”的到来，作为中国经济增长重要资源禀赋的人口红利将不可避免地进入衰减期，这将会在短期内对中国经济加速增长造成实质性影响。最后，随着我国改革开放的深入、市场体制的完善以及政府管制的减少，腐败的负面影响已经超过了正面影响，成为阻碍我国经济加速增长的另一个因素。除此之外，收入差距、环境问题，包括居住环境、老龄化程度等因素也是阻碍中国经济加速增长的主要因素。

（3）本书将信息社会资本引入创新的内生增长理论模型中，着重挖掘信息社会资本如何通过促进人力资本积累和引导人力资本在不同部门间的配置来激励创新和推动生产率提高的内在理论机制。同时，以此为依据分析产生多个增长均衡点的原因，从而对如何通过信息社会资本积累来促进经济稳定增长的具体实施路径进行阐释。理论研究表明，信息社会资本投资增加会提高研发部门的效率和工资，能吸引更多个人进入研发部门，提高研发部门的人力资本比例。具体而言，个人可以以信息社会资本为载体，利用信息社会资本搜集和获取信息的便利，促进自身人力资本积累；同时，信息社会资本投资增加使得个人接受教育更有效率，从而缩短了接受必要教育所需时间。另外，在理论分析的基础上，基于经济稳定增长需要满足的三个条件的设定，运用我国 31 个省份（不包括港澳台地区）2001~2012 年的数据实证检验了信息社会资本对我国经济稳定增长的影响，并检验了信息社会资本引致经济稳定增长的作用机制。

（4）本书首先基于跨国经验以及我国长期经济增长数据，找寻经济增长路径的阶段性特征和长期经济稳定增长动力。研究发现，当前无论从增长率还是人均收入水平来看，相对于改革开放 30 多年的高增长而言，中国经济均进入增长减缓时期，假如不采取有效的措施予以应对，甚至有发生连续增长减缓的可能性。其次，基于跨国经验比较发现，成功跨入高收入阶段的国家在跨越临界点前至少 10 年间均保持相对稳定增长，其连续增长减缓过程多集中于跨入高收入门槛之后。再次，基于经济稳定增长的角度，本书实证分析了引致经济持续增长的动力之源，研究发现，在不同的阶段经济增长的动力是不同的。在平衡增长时期和加速增长时期，经济增长的动力因素较为相似，但在增长减缓时期，引致经济增长的动力存在差别。最后，对中国各省份区域增长特征和增长动力源泉进行考察，研究发现，我国过半数省份集中在第四增长阶段，有近 20%的省份已跨过第五增长阶段收入门槛，人均收入高于 11000 美元；对区域代表性省份增长动力分析发现，东部区域增长表现较好的省份产业转型较为成功，依靠高端制造业和服务业发展，经济增长较为稳定；中西部地区增长分化较为严重，东北三省及山西、河北因长期积累的产业结构和经济结构问题，旧有产业面临产能过剩和供给侧改革，出现增长断崖式下跌。因此，对中西部增长较落后的省份而言，应多注重投资和产业转移对增长的拉动作用，随着增长水平的提高和消费结构的改善，再适时进行产业结构转型和发展服务业，转换增长动力机制，实现经济持续稳定增长。

关键词：增长加速；增长减缓；稳定经济增长；增长动力；Probit 模型

Abstract

With the implementation of reform and opening up policies, China's economy has grown rapidly for 30 years. The per capita GNI increased from 190 dollars in 1978 to 8260 dollars in 2016, which means China has successfully finished the role conversion from the low-income country to middle-income country. However, China's economy has faced stage transformation from "normal state" of high speed growth to "new normal" of medium-high speed growth. The average annual economic growth rate of China between 2001 and 2012 is 10.1%, while the rate of 2015 and 2016 is 6.9% and 6.7%. According to the forecast of China's annual economic growth rate from China economic growth frontier research group, the GDP growth rate of 2017 is 6.8% and it's expected between 6.4% and 7.8% for the next 5 years; from the forecast of "the long-run growth" research group in State Council Development Research Center, the average growth rate of next 10 years is about 6.5%. Based on the data above, we find that the growth speed of China's economy is not 2 digital for the first time since 2011, which is considered the "new normal" performance of China's economy. In 2010, China's per capita GNI reached $4035, which is over the definition of "medium-high income country" of World Bank in 2012 ($3975). China has succeeded to be medium-high income country. In the meantime, the report of the 19th National Congress of the CPC explicitly drew up a two-stage development plan for the period 2020 to the middle of this century and emphasized that the period between now and 2020 will be decisive in finishing the building of a moderately prosperous society in all respects. Therefore, it's becomes the focus of many scholars at present whether China can cross the middle-income stage and succeed to be the high income economy.

Based on the numerical definition of growth acceleration and growth slowdown, we screen out the growth turning points of China and its provinces from 1960 to 2012. Then we make the study of the description of China's long-run economic growth characteristics and trend. At the same time, based on the analysis of cross-countries' growth experience and empirical model, we try to find the engine of steady economic growth of China at the current stage of new normal. Finally, we give the suggestions that how to change growth mode, adjust structure, and provide a theoretical basis and data support for the implementation of sustainable economic growth as soon as possible. The main contents of this dissertation includes:

(1) In this book, drawing on previous study and also considering the present situation of China's large population with low per capita income, we relax the constraints of per capita GDP to definite growth acceleration and growth slowdown. According to the definitions, we screen out the time node of China's and provincial growth acceleration and growth slowdown from 1960 to 2012. Through the statistical description and empirical analysis, we find that: Firstly, generally speaking, during the period of 1960-2012, there are a total of 6 growth slowdown points and 14 growth acceleration points in China. Although there are many years when China experienced growth acceleration, it also appeared continuous growth slowdown for sometime, which means the fluctuation of China's economy is cyclical; at the same time, whether growth acceleration points or growth slowdown points, it is all in continuous time. This means that China's economic growth to some extent, shows inertial characteristics. Secondly, through the analysis of the situation of China's provincial regional transfer for growth acceleration during the periods of 1952-2013 in their growth path, we find that the economic

growth path of all provinces are frequently experienced growth acceleration, but after 2003 the process of China's economic growth acceleration transferred regionally. The process of growth acceleration in coastal and developed areas gradually disappeared after 2003 and economic growth of these areas tends to be stable. However, the growth of the central and western provinces accelerates obviously, the potential engine of growth in Mid west areas will be the overall power for the whole steady economic growth.

(2) In this book, we examine the sources of economic growth which hinder China's growth acceleration from three aspects of the structural factors, social and environmental factors and the corruption of officials. We obtain the following main conclusions: Firstly, the change of industrial structure in China has periodic characteristics of the impact on economic growth. Specifically, with the gradual increase in the proportion of industrial output value, the possibility of growth acceleration of China's economy will increase at the beginning and then decrease. Secondly, although the demographic dividend is an important driving force to create China's economic miracle, with the arrival of the "Lewis turning point", as an important resource for economic growth in China, demographic dividend will inevitably enter the decay stage, and it will substantially effect China's economy growth acceleration in the short term. Finally, with the deepening of reform and opening up, the improvement of market system and the reduction of government regulation, the negative effects of corruption has exceeded the positive effects and corruption has become another obstacle to accelerate the economic growth in China. In addition, the income gap, environmental issues, including the living environment, the degree of aging and other factors are all the main factors hindering economic growth accelerated in China.

(3) This book introduces the information social capital into the model of endogenous growth theory based on innovation. We focuses on exploring the internal theoretical mechanism of information social

capital encouraging innovation and improving productivity by promoting the accumulation of human capital and reallocation between different departments. Then we explore the reasons why exists more than one growth equilibrium points according to analyze and explain the specific implementation path of the accumulation of information social capital to promote economic growth. The theoretical study shows that the increase of the information social capital will improve the efficiency and the wage in R&D department. It will attract more people into R&D department, that is, the proportion of human capital in R&D Department will increase. Specifically, individuals can promote their accumulation of human capital by use of the convenient of information social capital to access to and collect information; at the same time, the increase of information society capital investment will make personal education more efficiency, so as to shorten the time required to receive the necessary education. Finally, on the basis of theoretical analysis and three conditions of steady economic growth to be satisfied, we test the effect of information social capital on the steady growth of China's economy using the data of China's 31 provinces from 2001 to 2012. We also examine the mechanism of information social capital how to lead to stable economic growth.

(4) On the basis of the comparison of international growth experiences and long-run economic growth data, we try to find the periodic characteristics of economic growth path and the engine of long-run economic growth. We find that, whether the current growth rate of GDP or income per capita, China has experienced growth slowdown, and even continuous growth slowdown will be happened. At the same time, based on the comparison of international growth experience, we conclude that almost all the economies who have succeeded to be high income country grow stably at least 10 years before crossing the growth threshold. The continuous growth slowdowns are always happened after being the high income economy. Then we analyze empirically the engine of sustained economic growth, based on the perspective of

stable economic growth. We find that the engine of growth changes in different stage of economic growth. In the periods of balanced growth or accelerated growth, the power factors of the economic growth are similar, but in the periods of growth slowdown, the engine factors are different. Then, we analyze regional growth characteristics and the source of growth momentum. The study shows that China is in the late growth stage of industrialization, which has successfully crossed the higher medium income threshold, becoming the higher medium income country, and majority of Chinese provinces concentrated in the fourth phase of growth, and nearly 20% of the provinces have crossed the threshold of the fifth phase of growth, whose per capita incomes are above $11000. Finally, we focus on the growth momentum analysis of representative provinces and find that eastern provinces which have the better the performance of regional growth have finished industrial transformation successfully. These economic growth are more stable relying on high-end manufacturing and services development. But growth differentiation in Midwest region is more serious. Besides, the three provinces in northeastern and Shanxi, Hebei, are facing old industry overcapacity and supply-side reforms, due to the problem of industrial structure and economic structure over the long-term accumulation. The central and western provinces should focus on stimulative effect of investment and industrial transformation on growth. With the increase of economic growth and improvement of consumption structure, by transferring industrial restructure timely, developing services and conversing growth momentum mechanism, they can finally achieve steady growth in the long-term. Finally, the paper analyzes growth momentum difference in continuous growth period and the stage of different income .

Key Words: Growth Acceleration; Growth Slowdown; Steady Economic Growth; Growth Engine; Probit Model

目　录

Contents

第一章　导　论

第一节　选题背景与研究意义

一、选题背景

20 世纪 50 年代，全球经济的快速发展使很多国家都顺利晋升到中等收入国家的行列。然而，这些国家中仅有少数能通过进一步努力成功跨入高收入阶段，多数国家都落入了“中等收入陷阱”之中。世界银行（World Bank，2012）的研究报告显示，1960 年进入中等收入阶段的 101 个国家或地区，到了 2008 年仅有 13 个成为了高收入国家或高收入地区，分别为赤道几内亚、以色列、毛里求斯、希腊、爱尔兰、葡萄牙、西班牙、波多黎各、日本、韩国、新加坡、中国香港和中国台湾。

“毫不夸张地说，20 世纪末和 21 世纪初影响整个世界最重要的事情就是发端于中国的快速经济增长，其根本原因就是中国经济的快速增长给整个世界带来福利，并且成为世界经济增长的引擎”（Eichengreen et al.，2013）。然而，经过多年较快的增长，中国经济正面临从高速增长常态向中高速增长“新常态”的阶段性转变。2001~2012 年中国经济年均增长率为 10.1%，2016 年增长率为 6.7%，2017 年增长率为 6.9%。同时，中国经济增长前沿课题组预测，未来 5 年中国经济年均增长率介于 6.4%~7.8%；国务院发展研究中心“中长期增长”课题组预测，未来 10 年中国经济年均增长率为 6.5%左右。以上数据显示，2011 年以来，我国经济增速首次告别“两位数”的增长，进入中高速增长阶段，这被认为是中国经济“新常态”的表现。

2014年底召开的中央经济工作会议明确提出要正确认识我国经济发展的阶段性特征，准确把握经济发展“新常态”。着重从九个方面对“新常态”特征进行剖析，并对比经济的趋势性变化。主要内容包括：①消费需求方面，强调创新供给激活需求的重要性，用个性化、多样化消费代替模仿型排浪式消费；②投资需求方面，要求创新投融资方式，增加基础设施互联互通和一些新业态、新技术以及新商业模型的投资；③出口和国际收支方面，强调培育新的比较优势，保持出口的竞争优势；④生产能力和产业组织方式方面，传统产业结构必须优化升级，重点发展小微企业、新兴产业以及服务业；⑤生产要素相对优势方面，面对当前人口老龄化趋势，创新必然成为驱动增长的新引擎，经济发展将更多依靠人力资本质量提高和技术进步；⑥市场竞争方面，用质量型、差异化的竞争取代过去数量和价格优势的竞争；⑦资源环境约束方面，面对环境承载能力接近上限的现状，倡导绿色低碳循环增长新模式；⑧经济风险方面，整体可控，但化解以泡沫化和高杠杆为主要特征的各类风险需要持续一段时间；⑨资源配置模式和宏观调控方面，要求全面化解产能过剩，同时努力探索新的产业发展方向。

可见，中国经济进入“新常态”，既是国内、国外经济环境使然，也是中国经济经历较长时期较快增长之后的必然转型。

2010年，中国人均GNI达到4035美元，跨过了世界银行2012年关于中等偏高收入国家的界定标准（3975美元），成功跻身中等偏高收入国家行列。中国能否跨越中等收入阶段，顺利进入高收入增长阶段，成为当前众多学者关注的焦点。当前中国正面临增长速度的换挡期、结构调整的阵痛期与前期刺激政策消化期“三期叠加”的困境，如何减少经济波动，实现“新常态”下经济的平稳过渡和稳定增长则显得尤为重要。因此，我们要做好充分的心理准备顺应增长减缓的趋势，努力寻找“新常态”形势下推动经济增长的动力之源，稳定当前的增长态势，同时积极推动经济转型，提高经济增长的质量，为未来阶段向高收入门槛的迈进蓄积力量。

二、研究意义

本书的研究意义主要体现在以下方面：

（1）当前我国正处于结构调整和经济转型的关键时期，试图通过转变经济增长方式、提高增长质量实现经济稳定增长。在这一关键时期，如果出现经济增速持续下滑，对于我国这样一个大国而言，将会产生灾难性的后果。增长率水平一旦出现持续下滑的情形，未来将很难恢复。本书通过研究哪些因素会阻碍中国经济的加速增长，挖掘我国经济实现稳定增长的动力之源，从而为我国实现中等收入阶段的跨越提供实证依据。

（2）当前跨过中等收入门槛的国家或地区多数为小而开放的经济体，鲜有经济规模较大的国家能够成功跨越中等偏高收入门槛，成为高收入国家。中国作为世界第二大经济体，人口最多的国家，如果能成功迈进高收入门槛，将对世界其他规模较大的国家提供新的增长经验和增长模式借鉴。

（3）在当前世界各国联系日益密切的背景下，中国经济的持续稳定增长对整个世界经济的发展也有着重要的现实意义。中国强劲的市场需求不仅能带动德国、日本等发达经济体积极输出资本品，还能带动广大发展中国家的商品输出。同时，随着金砖国家银行、亚投行、丝路基金及跨国机构的成立与运行，中国与东南亚、中亚、西亚、拉美以及欧洲许多国家的经济联系将不断加强，中国经济实现稳定增长也会对全球经济恢复发展起到重要作用。

第二节 研究内容和研究方法

一、研究内容

本书通过对增长阶段性特征（增长减缓和增长加速）进行数值化界定，分析中国及各省经济增长的趋势特征，进而通过实证分析挖掘实现经济稳定增长的动力之源。与此同时，本书还试图通过理论模型探讨产生多个增长均衡点的原因，分析从低稳态均衡向高稳态均衡跨越的内在机制。具体而言，研究内容主要包括以下几个方面：

第一章为本书的导论部分。主要对本书的选题背景和研究意义进行阐释，同时梳理了本书的研究内容和研究方法，最后对可能的创新点进行分析。

第二章为本书的文献综述部分。首先对“中等收入陷阱”相关研究进行梳理，并着重对增长阶段性特征，包括增长加速（Growth Acceleration）、增长减缓（Growth Slowdown）和增长停滞（Growth Stagnation）等相关研究进行阐释和分析。其次，围绕经济增长动力对国外和国内相关研究进行归纳和总结。国外文献主要围绕增长减缓、产业结构、人力资本结构、全要素生产率以及增长内部、外部环境等方面与经济增长动力展开研究。国内研究主要以理论阐释为主，也包括一些实证方面的尝试。

第三章为理论机制阐释部分。主要描述了稳定增长相关的理论研究，主要包括贫困陷阱理论和多重均衡理论。从结构性因素、环境与收入分配以及腐败方面对中国经济增长影响的理论机制进行阐述。

第四章主要基于增长加速和增长减缓的视角，考察中国经济长期增长特征。通过借鉴 Hausmann 等（2005）以及 Eichengreen 等（2012）相关界定，同时考虑中国人口基数大，人均 GDP 水平较低的现状，放松对人均收入的约束，对增长加速和增长减缓进行数值化界定，并以此为依据筛选出中国及各省份 1960~2012 年的增长加速和增长减缓的时间节点。通过本章的统计描述和实证分析，研究发现：其一，整体而言，1960~2012 年我国经济共有 6 个增长减缓点和 14 个增长加速点。我国经济增长虽然出现较多增长加速年份，但部分年份也出现连续的经济增长减缓，也即我国长期经济增长出现了周期性的波动态势。其二，不管是经济增长加速点，还是经济增长减缓点，基本上是在连续时间段出现的。这意味着我国经济增长在某种程度上呈现出“惯性”特征。其三，就我国各省份加速过程的区域转移情况而言，各省份在经济增长路径上都频繁经历增长加速，但在 2003 年后，中国经济增长的加速过程发生区域转移。沿海和发达省份在 2003 年后增长加速过程逐渐消失，经济增长趋于稳定，但是中西部省份加速增长过程依然明显，中西部潜在增长动力将成为引致整体经济稳定增长的引擎。

基于上述分析，本章从结构性因素、环境和收入分配因素以及官员腐败因素三个方面实证考察了阻碍中国经济加速增长之源。实证研究发现，首先，我国的产业结构变迁对经济增长的影响具有阶段性特征。随着工业产值所占比重逐渐提高，我国经济加速的可能性先增大后减小。其次，尽管人口红利是造就我国经济奇迹的重要推动力，但是“刘易斯拐点”已经到来，作为我国经济增长重要资源禀赋的人口红利将不可避免地进入衰减期，这将会在短期内对我国经济加速增长造成实质性影响。最后，随着我国开放步伐的加速推进、市场体制的不断完善和政府管制的减少，腐败的负面影响成为阻碍我国经济快速增长的另一个因素。除此之外，收入差距、环境问题包括居住环境、老龄化程度等因素也是阻碍我国经济加速增长的主要因素。

第五章为关于经济稳定增长的理论模型构建部分。这一部分在 Agenor 和 Canuto（2012）理论框架的基础上，将信息社会资本引入基于创新的内生增长理论框架中，着重挖掘信息社会资本通过促进人力资本积累和引导人力资本在不同部门间的配置来激励创新和促进生产率提高的内在理论机制。本章以此为依据探讨产生多个稳定增长均衡点的原因，从而对通过信息社会资本积累来促进稳定经济增长的具体实施路径进行阐释。理论研究结论表明，信息社会资本投资增加会提高研发部门的效率和工资，从而吸引更多的个人进入研发部门，提高研发部门的人力资本占比。具体实施途径为：第一，个人以信息社会资本为载体，利用信息社会资本搜集和获取信息的便利，促进自身人力资本积累，成为高能力劳动者；第二，信息社会资本投资增加使个人接受教育更有效率，从而缩短了接受必要教育所需时间；第三，在理论分析的基础上，基于经济稳定增长需要满足的条件设定，运用我国 31 个省份（不包括港澳台地区）2001~2012 年的数据实证检验了信息社会资本引致经济稳定增长的作用机制。

第六章主要基于跨国增长经验比较，以及对我国长期经济增长动力差异的剖析，进一步揭示稳定经济增长动力之源。研究发现，当前无论从增长率水平还是人均收入来看，相对于改革开放 30 多年间的高增长而言，中国经济均进入增长的减缓时期，假如不采取有效措施予以应对，甚至有发生连续增长减缓的可能性。同时，基于跨国经验比较发现，成功跨入高收入阶段的国家在跨越临界点前至少十年间均保持相对稳定增长，其连续增长减缓过程多集中于跨入高收入门槛之后。因此，基于经济稳定增长的角度，本章实证分析了引致经济持续增长的动力之源。研究发现，在不同的阶段经济增长的动力是不同的。在平衡增长时期和加速增长时期，经济增长的动力因素较为相似，但在增长减缓时期，引致经济增长的动力存在差别。

第七章通过对我国各省份增长状况的对比分析，认清区域增长特征和增长动力源泉，寻找通过及时有效转换增长动力机制实现区域经济持续稳定增长和挖掘新的增长动力的内在机制。研究发现，首先，我国过半数省份集中在第四增长阶段，有近20%的省份已跨过第五增长阶段收入门槛，人均收入高于11000美元。其次，我国当前面临连续增长减缓的可能较大，处于高增长阶段省份因外向型程度较高在2007年左右发生连续增长减缓，而多数省份增长减缓迹象集中表现在2010年后。最后，对区域代表性省份增长动力分析发现，东部区域增长表现较好的省份产业转型较为成功，依靠高端制造业和服务业发展，经济增长较为稳定；中西部地区增长分化较为严重，“东北三省”及山西省、河北省因长期积累的产业结构和经济结构问题，旧有产业面临产能过剩和供给侧改革问题，出现了增长断崖式下跌。对中西部增长较落后的省份而言，应多注重投资和产业转移对经济增长的拉动作用，随着增长水平的提高和消费结构的改善，再适时进行产业结构转型和发展服务业，转换增长动力机制，实现经济持续稳定增长。

第八章为本书的主要结论和政策建议。对书中理论和实证分析的结论进行梳理，并以此为依据提出针对性的政策建议。

二、研究方法

就研究方法而言，本书采用理论研究和实证检验相结合的方法，并辅之以统计分析和数值模拟等分析方法。

（1）理论模型是在传统基于创新的内生增长理论分析框架内，结合经典文献模型设定以及本书研究目的，适当调整假设内容，同时将新的变量引入研发函数，从而构建出与中国经济增长现阶段特征一致的理论模型。

（2）实证研究方面。由于本书所研究问题的被解释变量取值为1和0，所以多数采用二值响应模型（Probit模型）以克服线性概率模型的偏效应问题。同时我们也采取工具变量估计方法以克服内生性问题，然后利用D-M检验方法以判断内生性是否存在。同时，由于经济增长为动态面板模型，包含被解释变量的滞后项，可能导致解释变量存在内生性问题。针对这种情况，一般采用广义矩估计方法进行分析，包括差分矩估计（DIF-GMM）和系统矩估计（SYS-GMM）方法。考虑到差分矩估计的估计量易受弱工具变量影响，产生有限样本偏误的问题，因此，我们采用系统矩估计方法来对动态面板模型进行估计。

（3）基于本书对阶段性增长趋势（增长加速和增长减缓）的具体界定，通过数据测算和统计分析方法筛选出我国及各省份经济增长加速和减速拐点，并以此为依据对我国经济增长波动趋势进行描述和分析，同时考察了各省份经济的增长变化和区域转移情况。

（4）数值模拟方法主要用于对理论模型所得结论的分析。由于第五章理论模型所得结论过于复杂，不能直观地分析出其蕴含的具体经济学含义，因此，我们借鉴经典文献的相关研究来对函数其他变量进行赋值，并通过数值模拟方法画出函数的具体图形。当涉及考察某一外生变量变动对经济的影响时，通过观察外生变量调整引起曲线的具体变动趋势，可以更直观地分析其蕴含的内在经济学含义。

第三节 本书可能的创新点

本书的创新点体现在以下方面：

第一，本书借鉴国外相关研究，给出经济增长减缓和增长加速数值化界定方法，便于统计描述中国及各省份经济增长特征并展开分析。

本书采用数值化界定的方法，基于不同维度刻画经济增长路径的阶段性特征，进而对中国经济增长的未来态势进行判断，相比之前学者普遍采用预测的方式更为准确。本书借助 Eichengreen 等关于经济增长加速和增长减缓的界定，同时考虑本书重点关注中国以及各省份的经济波动情况，放宽对人均 GDP 的约束，构建出中国经济增长减缓和增长加速时间点的两个约束条件。通过对中国 1960~2012 年数据进行筛选发现，中国经济增长共有 6 个增长减缓时间点和 14 个增长加速时间点。经济增长减缓时间点主要分布在 20 世纪 70 年代（1970 年、1971 年和 1975 年）和 20 世纪 90 年代（1996 年、1997 年和 1998 年）。增长加速时间点分布在 20 世纪 60 年代（1967 年和 1968 年）、70 年代（1977 年、1978 年和 1979 年）、80 年代（1980 年、1981 年、1982 年和 1983 年）、90 年代（1991 年和 1992 年）、21 世纪（2002 年、2003 年和 2004 年）。

第二，利用经济增长加速和增长减缓的数值界定，分析了中国经济增长的阶段性特征以及不同区域增长转移情况。

整体上，中国各个省份在经济增长路径上都经历过频繁的加速过程，但对比而言，在2003年后，我国经济增长加速过程发生区域转移。发达和沿海地区的增长加速过程消失，经济增长趋于稳定，而中西部省份则呈现出持续的增长加速特征。相关数据显示，近年来中部和西部地区经济增速加快。2007年，西部地区经济增速首次超过东部地区。2008年，中部和西部经济全面加速增长，均超过东部增长水平。截至2013年底，中部和西部地区经济同比分别增长9.36%和10.97%，已经比东部分别高出0.15个和1.73个百分点，这表明中国经济加速增长已经从沿海和发达省份向中西部省份转移。

第三，在基于创新的内生增长理论框架内，将信息社会资本引入研发部门函数，分析由于信息社会资本投资导致多重均衡产生的可能性，挖掘信息社会资本推动经济稳定增长的内在理论机制。

本书基于信息社会资本具有的信息共享和知识传递的内涵特征，将信息社会资本引入基于创新的内生增长理论模型中，挖掘信息社会资本如何借助信息共享和知识传递功能促进人力资本积累和引导人力资本在不同部门间的配置，进而激励创新和推动生产率提高的内在机制，并以此为依据分析引致经济稳定增长的具体实施路径。通过理论和实证研究发现，当政府主导的信息社会资本投资增加，由于信息共享和沟通的便利，会使高能力个体更愿意进入研发部门，同时通过降低进入研发部门的条件，引导低能力个体通过人力资本积累努力成为高能力个体，这些都内在地提高了进入研发部门工作的劳动者的比例，既会带来研发部门创新效率提高，又为经济增长提供稳定增长动力。

第四，刻画出经济稳定增长指标，区分不同因素在不同阶段对经济增长和经济稳定增长的不同影响。

本书研究发现，在经济发展的不同阶段驱动经济增长的动力因素是不同的。在平衡增长时期和加速增长时期，经济增长的动力因素较为相似，但在增长减缓时期，引致经济增长的动力存在差别，甚至有些因素不仅不能扭转经济持续减缓态势，还会引致经济增长更大幅度地波动。同时，本书重点关注转型时期经济增长的稳定性要求，不同于以往学者仅关注于经济增长的视角，并借助国际经验数据拟合结果和中国长期经济增长数据的经验计算，准确界定关于增长稳定性的指标。当前多数学者基于经济增长波动的角度来刻画经济稳定增长，但本书主要考察当经济增长处于不稳定状态时是否具有足够的动力跨越不稳定均衡状态。本书通过设定经济增长加速的时间点需要满足条件，寻找经济增长连续减缓时期是否具有加速增长动力，进而间接地刻画经济增长稳定性。

第五，本书分别考察了基本原因或直接原因对经济稳定增长的不同作用，同时进一步分析了金融分权和市场化改革对增长的影响。

本书在刻画经济稳定增长的动力之源时，从两个维度进行：影响经济稳定增长的直接原因和影响经济稳定增长的基本原因。本书选取的引致经济增长的直接原因包括：固定资本形成率、人口红利、高人力资本水平以及原创性技术进步；影响经济稳定增长的基本原因包括：分权化改革、地方制度环境、地方政府努力水平、工业化水平以及对外开放度。同时，基于实证部分的研究结论，即“金融分权在经济减缓时期不能引致经济增长，但是在经济加速时期对经济增长具有显著的促进作用”，进一步考察了金融分权和市场化改革对经济稳定增长的影响。研究发现，我国金融分权化过程并没有释放出足够的动力引致经济稳定增长。本书认为，金融分权化过程打破计划经济体制的效力经过一段时间后已经出现递减趋势，因此需要进行进一步的市场化改革，尤其是推进金融部门的改革，才能完全提高经济的整体效率。

第二章　文献回顾

第一节　关于长期经济增长中“中等收入陷阱”的界定

一、什么是“中等收入陷阱”

世界银行在2006年《东亚经济发展报告》中率先提出“中等收入陷阱”的概念。在其随后的研究报告中，将“中等收入陷阱”描述为：发展中国家无法突破经济发展中的重重阻力，尤其是跨入中等收入阶段后丧失经济发展的动力，不能顺利完成经济发展方式转变，从而无法实现向高收入阶段的跨越，陷入经济长期停滞的状态。比如，拉丁美洲的巴西、阿根廷、智利和墨西哥等国家，在20世纪70年代都陆续成为了中等收入国家，但至2007年，这些国家人均GDP仍徘徊在3000~5000美元的水平停滞不前。在亚洲，马来西亚和泰国成为因增长减缓而最终陷入“中等收入陷阱”的最好例证。尽管1997年爆发了亚洲金融危机，但在20世纪末，这两个国家的生产率水平都几乎达到了发达国家的水准。然而，这些国家以劳动密集型为主的生产和出口模式在过去20多年里一直没有改变。与此同时，它们要面对来自其他低成本生产者，如中国、印度以及目前的越南、柬埔寨等国家更加激烈的竞争，因此陷入增长停滞的状态。

有些学者通过总结世界不同国家和地区的发展进程，从产业结构升级的角度描述“中等收入陷阱问题”。Ohno（2009）将一个国家的发展进程用“赶超工业化”（Catching-up Industrialization）的五个阶段（如图2-1所示）来描述：处于初始阶段（阶段 0）的国家特点为，文化单一，农业生产以基本的生活资料为主；当面临制造业 FDI 的流入时就会进入到第一个阶段（阶段 1），在这个阶段，国家可以在国外技术的引导下从事简单的制造业生产，像当前的越南就是处于这个阶段；当产业发挥集聚优势时，就会进入到第二个阶段（阶段 2），此时，国家内部已经拥有自己的支柱产业，但仍然需要国外技术的引导，代表性国家有泰国和马来西亚；如果要进入到第三个阶段（阶段 3），就需要国家进行技术吸收，实现对管理和技术的熟练掌控，能进行高质量产品的生产，这一阶段的代表国家和地区有韩国和中国台湾；最后，当国家和地区具备了创新能力，就可以进入到第四个阶段（阶段 4），像日本、美国和欧盟，能够完全胜任产品的设计和创新工作，成为该产业创新产品的全球引导者。

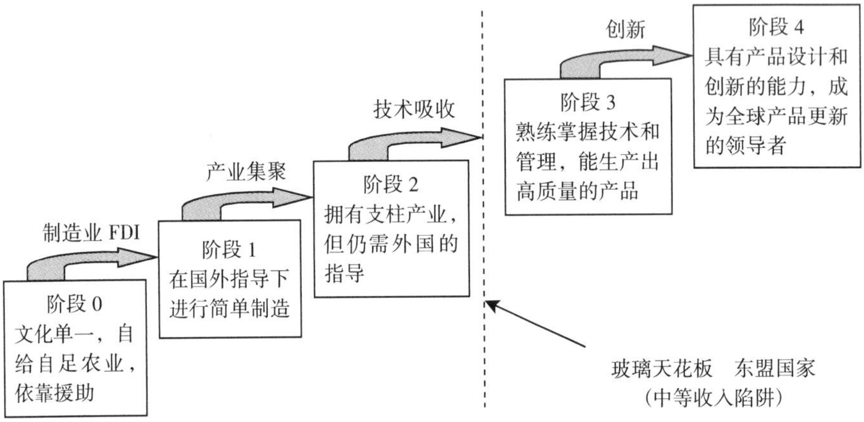

图 2–1　赶超工业化的各个阶段图说

资料来源：Kenichi Ohno，“Avoiding the Middle-Income Trap-Renovating Industrial Policy Formulation in Vietnam”，ASEAN Economic Bulletin，Vol.26，No.1，2009，pp. 25–43.

Ohno 认为，对东盟国家来说，从第二阶段到第三阶段的跨越中，存在着隐形的“玻璃天花板”（Glass-ceiling），这也相当于是跨越“中等收入陷阱”的隐形门槛。不仅如此，处于阶段 0 的大量国家往往由于没有制造业 FDI 的流入而导致停滞，即使成功跨过了第一个阶段之后各个阶段的跨越也会变得更加困难。比如，陷入第二个阶段的国家多数是因为不能及时提升自身的人力资本水平，东盟所有国家，包括泰国和马来西亚几乎都没能够成功突破存在于第二个阶段和第三个阶段之间无形的制造业的“玻璃天花板”。大多数拉丁美洲国家也遭遇了类似的情况，它们虽然早在20世纪就实现了相当高的收入水平，但至今仍处于中等收入阶段。

在传统的增长理论中，“陷阱”被认为是一种超稳定的均衡状态（蔡昉，2012）。Garrett（2004）指出，富裕的国家会通过技术进步拉动增长，从而使自身变得更富裕，最穷的国家因其在制造业生产方面的比较优势而获得更快的增长，而处于中间领域的国家则会面临两难的处境。Eeckhout和Jovanovic（2007）进一步强调，富国的劳动者具备更高的技能，在全球化过程中更容易胜任管理型和研发型岗位；而穷国能更快地增加非熟练劳动力的供给，处于穷国与富国之间的国家两类劳动力均没有明显优势。ADB（2010）将陷入“中等收入陷阱”的国家描述为：在制造业出口方面无法与低收入、低工资的经济体竞争；而在高技能创新方面又无法与发达经济体竞争。这些国家没有及时从低成本劳动力和低资本的资源驱动型增长转型为以生产率和创新为驱动的增长。Spence（2011）认为国家处于人均收入5000~10000美元时，将要面临增长的转型。他指出，“在这一阶段，不断上涨的工资使在早期能够驱动增长的工业发展逐渐失去优势，这些劳动密集型的产业应该转移到工资更低的其他国家，转而发展能创造价值的资本密集型、人力资本密集型或知识密集型的新产业”。

二、对“中等收入陷阱”内涵的进一步阐释

2012年，世界银行把划分世界各国不同收入阶段的标准界定为：通过Atlas测度方式，将人均GNI小于等于1005美元的国家或地区定为低收入国家或地区；人均GNI在1005~12276美元的国家或地区定为中等收入国家或地区；人均GNI大于12276美元的定为高收入国家或地区。其中，又将中等收入国家或地区划分成中等偏低收入国家或地区（人均GNI大于1005美元小于3975美元）和中等偏高收入国家或地区（人均GNI大于3975美元小于12276美元）。根据这一标准，以各国2010年数据来进行划分，其中低收入国家或地区29个，中等偏低收入国家或地区31个，中等偏高收入国家或地区30个以及高收入国家或地区34个。世界银行（2012）的报告指出，1960年的101个中等收入国家或地区至2008年仅有13个成为了高收入国家或地区，即赤道几内亚、希腊、爱尔兰、以色列、日本、毛里求斯、葡萄牙、波多黎各、韩国、新加坡、西班牙、中国香港

和中国台湾。

Felipe 等（2012）基于世界银行的划分标准，同时考虑数据的可得性，将以 1990 年购买力平价核算的人均 GDP 分为四组：低于 2000 美元为低收入组；2000~7250 美元为中等偏低收入组；7250~11750 美元为中等偏高收入组；高于 11750 美元为高收入组。依据这一标准，2010 年全球 124 个国家或地区中，低收入国家或地区有 40 个，中等收入国家或地区有 52 个，其中包括 38 个中等偏低收入国家或地区和 14 个中等偏高收入国家或地区，以及高收入国家或地区 32 个。与世界银行的划分结果相比，根据这一标准划分出的高收入国家或地区个数与之接近，而中等收入国家或地区尤其是中等偏高收入国家或地区的个数比按世界银行标准划分的要少一半以上。

使用收入水平划分的方法来判断不同国家或地区所处的发展阶段，为方便各国或地区的比较需要将各国或地区收入水平用汇率法或购买力平价法进行转换。PWT（2013）和 Maddison（2003）的数据就是通过购买力平价进行统一换算；而世界银行数据库 WDI 提供两种方法的数据，其划分标准则是采用 Altas-Method 汇率法。由于世界银行的影响力，这一划分标准被很多学者采用（Felip et al.，2012；Carnovale，2012）。但是对不同来源的数据进行比较时，往往需要复杂的换算和统一计量标准，因此 Ohno（2009）和 Woo（2012）提出了另一种划分方法，即用本国收入水平与最先进国家或地区（通常用美国来衡量）收入水平的比值来反映一国或地区所处的发展阶段，占比处于中间位置的即为中等收入国家或地区，这一比值也被称为“追赶系数”（CUI）。如果一个国家或地区在发展过程中，追赶系数不断减小则意味着该国或地区可能落入了“中等收入陷阱”。这种方法用相对收入水平作为划分国家所处发展阶段的依据，其划分标准具有一定的随意性。

Eichengreen 等（2011）认为，经济处于快速增长阶段的中等收入国家或地区在落入“中等收入陷阱”之前很有可能会经历阶段性衰退。因此，以其经济增长减缓为突破口，通过界定和筛选增长减缓的时间点，分析导致增长减缓的原因。文中关于增长减缓的界定满足三个条件：

$$g_{t-n,t} \geqslant 3.5\% \tag{2.1}$$

$$\Delta g = g_{t-n,t} - g_{t,t+n} \geqslant 2\% \tag{2.2}$$

$$y_t > 10000 \tag{2.3}$$

其中，y_t 为依据 2005 年不变美元衡量的人均 GDP 水平，g_t 为 GDP 增长率，$g_{t-n,t}$ 和 $g_{t,t+n}$ 分别表示 $t-n$ 到 t 以及 t 到 $t+n$ 时间段 n 年间 GDP 增长率的平均值。

第一个条件（式（2.1））意味着，发生增长减缓年份之前几年的 GDP 平均增长率至少达到 3.5%；第二个条件（式（2.2））要求，增长减缓前后的几年 GDP 平均增长率降幅至少达到 2%；第三个条件（式（2.3））要求排除低收入经济体在增长过程中遭遇严重发展受阻的状况，即将人均 GDP 水平界定为不低于 10000 美元。

Eichengreen 等（2011）通过对筛选出的 1956 年至今满足增长减缓条件的快速增长经济体的增长片段进行研究，发现增长减缓容易发生在人均 GDP 位于 16700 美元（或是 15000~16000 美元）处，此时的人均 GDP 是先进国家的 58%；国家制造业就业份额占比为 23%。Eichengreen 等（2013）的研究进一步指出，很多中等收入国家往往会经历两次增长减缓，当这些国家人均 GDP 位于 10000~11000 美元时，增长减缓也同样容易发生。Aiyar 等（2013）通过对不同划分标准的收入水平数据进行研究发现，中等收入国家发生增长下滑的可能性较低收入国家和高收入国家明显更高。

有些研究从经济收敛的角度研究“中等收入陷阱”问题，认为中等收入国家如果能实现向发达经济体的收敛，就可以成功跨越“中等收入陷阱”。中等收入国家成功实现收敛所需时间的计算公式为：

$$T_c = \frac{\ln G_I}{\ln\left(\frac{1+g_M}{1+g_H}\right)} \tag{2.4}$$

其中，G_I 为与发达国家收入水平的差距；g_M 为中等收入国家总量 GDP 平均增长率；g_H 为高收入国家的总量 GDP 平均增长率；T_c 为收敛所需要的时间。

从式（2.4）中我们可以看到，G_I 越小，实现收敛所需时间就越短；同时，当中等收入经济体相对于发达经济体实现更快速度增长时，也即 $\ln\left(\frac{1+g_M}{1+g_H}\right)$ 越大，T_c 就会越短，越容易成功跨越“中等收入陷阱”。

还有些研究考察了不同国家跨越某个发展阶段所需要的时间。Felipe 等（2012）通过对成功跨入中等偏高收入阶段和高收入阶段的国家在之前一个阶段滞留的时间进行统计，如果一个国家在中等偏低收入或中等偏高收入阶段滞留的时间高于历史平均，则认定其分别落入了“中等偏低收入陷阱”或“中等偏高收入陷阱”。研究发现，中等偏低收入区间的国家成功跨入中等偏高收入阶段平均需要 28 年，而成功进入高收入阶段的国家在中等偏高收入阶段平均所处年限为 14 年，也即中等偏低收入国家人均收入年均增长率至少在 4.7%才能避免落入“中等偏低收入陷阱”；中等偏高收入国家人均收入年均增长率至少要达到 3.5%才能规避“中等偏高收入陷阱”。是否会落入“中等收入陷阱”的问题也就转化为中等偏低收入国家能否在不超过 28 年的时间里跨过中等偏高收入的界限，以及中等偏高收入国家能否在不超过 14 年的时间内跨入高收入的门槛。然而，成功实现对发达经济体的赶超并非易事，Im 和 Rosenblatt（2013）指出，根据当前中等收入国家跟发达经济体（以美国和 OECD 国家为准）的差距进行计算，假定发达经济体以年均 1.8%的速度增长，中等收入国家或地区保持过去 30 年的平均增速，则实现对发达国家或地区的赶超至少也要 50 年时间。

另外，一些学者则从增长路径分化的视角研究“中等收入陷阱”问题。这方面的研究最早可以追溯到 Quah（1993），他开创性地使用收入转移矩阵研究处于不同发展阶段的经济体，从长期来看倒退、停留或者跃迁至各收入阶段的概率。研究发现，长期而言，穷者越穷，富者越富，处于中间阶段的中等收入国家则相对活跃，会分别向两个极端群体分化，最终导致中等收入经济体的消失。持这一观点的学者认为，中等收入国家长期经济增长的效果与低收入国家和高收入国家存在较大的差异。“中等收入陷阱”即可以理解为中等收入阶段的国家长期增长出现分化，一些国家回落至低收入国家，另一些则成功跃升至高收入阶段，这些长期增长的差异是应对“中等收入陷阱”需要面对的挑战。姚洋（2013）使用 Quah 提出的方法对 1962~2008 年各国收入分布进行研究发现，中等收入组经济体回落至低收入组的概率要远高于成功跃迁至高收入组的概率。

一些学者对通过界定增长减缓来研究“中等收入陷阱”问题的方法提出了质疑。袁富华（2012）认为，经济发展过程中出现的经济结构性调整带来的整个经济增长速度出现趋势性下降的情形不能视为“中等收入陷阱”。具体而言，中等收入国家发展到一定阶段时，产业会向服务业转移，而高就业比、低劳动生产率的第三产业的扩张会降低经济增长速度，这种伴随产业结构调整的增长减速并不意味着国家会落入“陷阱”之中。郭金兴等（2014）认为，“从增长分化的角度去理解‘中等收入陷阱’更切合经济发展的经验事实。面临增长分化的中等收入国家如果想继续保持高的增长率可能会面临一些困难，需要对经济、政治、社会制度以及政策因素进行调整，以应对增长条件和环境的改变”。陷入“中等收入陷阱”的国家就是因为不能顺应形势和周围环境的变化，及时调整政策和制度因素以应对外界的风险，从而陷入增长停滞的状态。

三、“中等收入陷阱”与增长减缓

Aiyar 等（2013）将一些成功跨越“陷阱”的东亚经济体与拉美一些停滞国家进行比较，如图 2-2 和图 2-3 所示。图 2-2 反映了这些国家或地区当收入达到 3000 美元时，人均 GDP 相对于美国水平的演进过程。由图 2-2 可以看出，与其他国家相比，拉美国家，如墨西哥、秘鲁和巴西等在 3000 美元以后的增长路径较长，也即这些国家很早就实现了人均收入 3000 美元的水平。“亚洲四小龙”中的韩国和中国台湾，虽然起步较晚，但增长速度很快，从占美国收入的 10%~20%跃升至 60%~70%的水平。与这一迅速增长趋同过程形成鲜明对比的是，一些拉美国家发生停滞（如巴西和墨西哥），甚至增长衰退（秘鲁）。

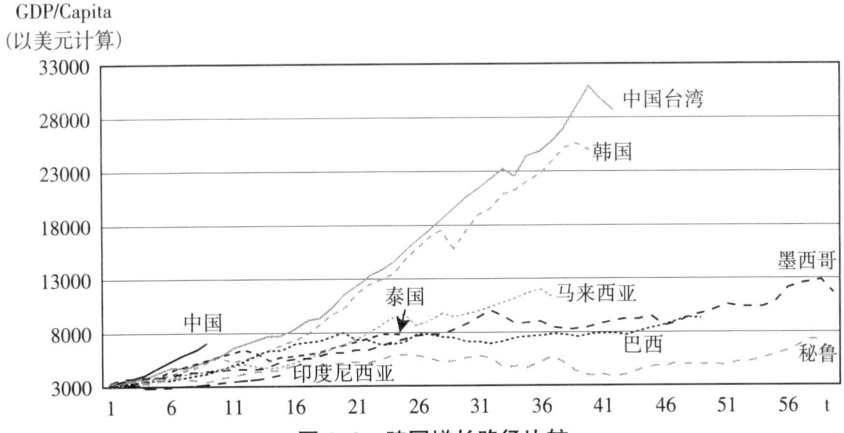

图 2-2 跨国增长路径比较

资料来源：Aiyar et al.,“Growth Slowdowns and the Middle-Income Trap”, IMP Working Paper, 2013, WP/13/71. 原始数据来源于国际货币基金组织的计算结果。其中，t = 0 表示某个国家人均 GDP 达到 3000 美元时对应的年份。

亚洲一些中等收入国家或地区的表现则介乎东亚迅速增长经济体和拉美增长停滞国家或地区经济表现之间。依据世界银行 2012 年关于国家或地区所处增长阶段的界定，中国于 2002 年跨过低收入门槛（人均 GNI 达到 1005 美元）成为中等收入国家，2010 年跨过中等偏低收入门槛（人均 GNI 达到 3975 美元），成为中等偏高收入国家。就目前我国经济增长情况而言，虽然进入中等收入阶段才十几年，但增长轨迹明显优于东亚，呈现出了高收入阶段经济体早期的增长表现。与此同时，不论绝对水平还是相对水平，马来西亚的经济增长都超过拉美国家。泰国的经济增长表现类似于巴西和墨西哥早期的经济增长路径，而印度尼西亚的经济增长即使与拉美国家相比，都显得十分逊色。

图 2-3 对上述国家或地区收入对数情况进行比较，此时曲线的斜率即为各个国家或地区的增长率水平。由图 2-3 明显可以看出，多数拉美国家都是由于在 20 年甚至更长的时间保持较快的增长速度（尽管其增长速度比东亚经济体慢）而迅速进入中等收入阶段，但在进入中等收入阶段之后出现了明显的增长减缓，从而与其他东亚经济体的增长路径出现分化。由此可见，增长停滞甚至落入“陷阱”与增长减缓密切相关。

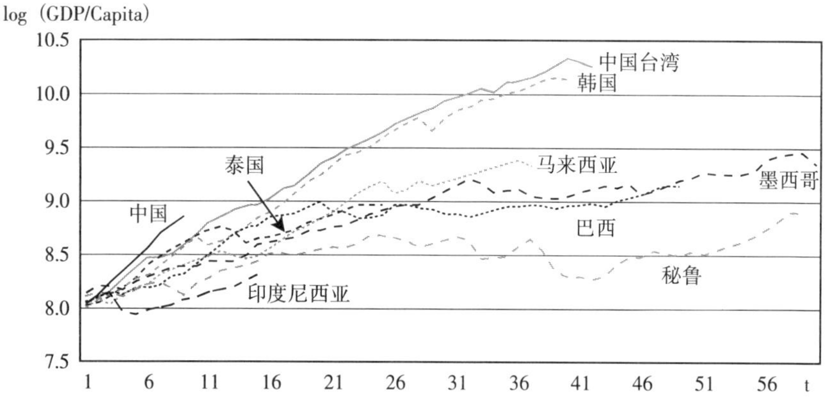

图 2-3　跨国增长路径的进一步比较

资料来源：Aiyar et al.,“Growth Slowdowns and the Middle-Income Trap”, IMP Working Paper, 2013, WP/13/71. 原始数据来源于国际货币基金组织的计算结果。其中，人均 GDP 为经过购买力平价调整的以 2005 年不变美元衡量的数据；t = 0 表示某个国家人均 GDP 达到 3000 美元时对应的年份。

第二节 长期经济增长的趋势：国外相关研究综述

一、增长阶段性特征描述

（1）增长加速（Growth Acceleration）。Hausmann 等（2004）较早关注对增长阶段性特征的分析，其通过界定增长加速需要满足的条件，来刻画一个国家经济快速增长的过程。首先，文中将 t 期的增长率 g_t 界定为从 t 到 t + n 期人均收入（y）的最小方差增长率水平，即 $\hat{g}_{t,t+n}$。可以表示为：

$$\ln(y_{t+i}) = a + \hat{g}_{t,t+n} \cdot t,\ i = 0,\ 1,\ \cdots,\ n \tag{2.5}$$

则 t 期增长率的变化就可以用 n 年间平均增长率的差值来表示，即：

$$\Delta g_t = g_{t,t+n} - g_{t-n,t} \tag{2.6}$$

然后，进一步将增长加速界定为需要满足以下条件的快速增长时段。

$$g_{t,t+n} \geqslant 3.5\% \tag{2.7}$$

$$\Delta g_t \geqslant 2.0\% \tag{2.8}$$

$$y_{t+n} \geqslant \max\{y_i\},\ i \leqslant t \tag{2.9}$$

以上第一个条件（式（2.7）），要求加速后 n 年平均增长率要达到 3.5%以上的水平；第二个条件（式（2.8）），要求增长加速幅度至少为 2%；第三个条件（式（2.9）），要求增长加速后 n 年的人均收入水平要不小于前期人均收入的最大值。

（2）增长减缓（Growth Slowdown）。Eichengreen（2011）在 Hausmann（2004）研究成果的基础上，界定增长减缓同样需要满足三个条件：第一个条件（式（2.10）），要求发生增长减缓前平均 GDP 增长率不低于 3.5%；第二个条件（式（2.11）），要求增长减缓发生时平均 GDP 增长率降幅超过 2 个百分点；第三个条件（式（2.12）），要求增长减缓发生时，人均收入水平必须高于 10000 美元的水平。

$$g_{t-n,t} \geqslant 3.5\% \tag{2.10}$$

$$\Delta g = g_{t-n,t} - g_{t,t+n} \geqslant 2\% \quad (2.11)$$

$$y_t > 10000 \quad (2.12)$$

其中，y_t 为依据 2005 年不变美元衡量的人均 GDP 水平，g_t 为 GDP 增长率，$g_{t-n,t}$ 和 $g_{t,t+n}$ 分别表示 t − n 到 t 以及 t 到 t + n 时间段 n 年间 GDP 增长率的平均值。

Eichengreen 依据此界定标准对 1957~2007 年世界各国（或地区）增长减缓时段进行筛选，结果如表 2–1 所示。由表 2–1 可见，世界上多数国家或地区（42 个）都曾经历过增长减缓；有些国家或地区增长减缓发生的时间点有数十个，如希腊（10 个）、日本（12 个）、波多黎各（10 个）等；其中多数国家或地区会经历连续增长减缓，如以色列（1970~1975 年）、智利（1994~1998 年）、中国台湾（1994~1999 年）等。但 Eichengreen 仅关注人均收入超过 10000 美元的较高收入国家或地区的增长减缓情况。

表 2–1　世界各国（或地区）增长减缓片段筛选

国家或地区	增长减缓年份	国家或地区	增长减缓年份	国家或地区	增长减缓年份
阿根廷	1970、1997、1998	匈牙利	1978、1979	利比亚	1977、1978、1979、1980
澳大利亚	1968、1969	沙特阿拉伯	1977、1978、1979	中国香港	1978、1988、1989、1990、1991、1992、1993、1994
巴林	1977	伊拉克	1979、1980	马来西亚	1994、1995、1996、1997
以色列	1970、1971、1972、1973、1974、1975、1996	爱尔兰	1969、1973、1974、1978、1979、1999、2000	毛里求斯	1992
荷兰	1970、1973、1974	新西兰	1960、1965、1966	智利	1994、1995、1996、1997、1998
科威特	1993、1994、1995、1996、1997	挪威	1976、1997、1998	奥地利	1961、1974、1976、1977
德国	1964、1965、1970	比利时	1973、1974、1976	加蓬	1976、1977、1978、1995
比利时	1973、1974、1976	意大利	1974	委内瑞拉	1974
芬兰	1970、1971、1973、1974、1975	阿曼	1977、1978、1979、1980、1981	特立尼达和多巴哥	1978、1980
法国	1973、1974	乌拉圭	1996、1997、1998	阿联酋	1977、1978、1979、1980

续表

国家或地区	增长减缓年份	国家或地区	增长减缓年份	国家或地区	增长减缓年份
葡萄牙	1973、1974、1990、1991、1992、2000	伊朗	1972、1973、1974、1975、1976	中国台湾	1994、1995、1996、1997、1998、1999
西班牙	1969、1972、1973、1974、1975、1976、1990	韩国	1990、1991、1992、1993、1994、1995、1996、1997	新加坡	1978、1979、1980、1982、1983、1984、1993、1994、1995、1996、1997
希腊	1969、1970、1971、1972、1973、1974、1975、1976、1977、1978	日本	1967、1968、1969、1970、1971、1972、1973、1974、1975、1990、1991、1992	波多黎各	1969、1970、1971、1972、1973、1988、1989、1990、1991、2000
英国	1988、1989	美国	1968	黎巴嫩	1983、1984、1985、1987

资料来源：笔者根据 Eichengreen（2011）所列表格 1 的内容整理所得。

（3）增长停滞（Stagnation）。Reddy 和 Minoiu（2009）使用 1960~2001 年各个国家或地区人均 GDP 的时间序列数据研究增长停滞问题。文中界定增长停滞时间段为从停滞开始（Onset of Stagnation）到第一个拐点（Turning Point）出现的时间段。其中，增长停滞时间段开始（Onset of a Stagnation Spell）的标志为一个国家人均真实收入水平低于过去两年任何时候的增长率水平，但高于随后四年任何时候的增长率水平。界定拐点（Turning Point）为当一个国家人均实际收入比前一年高至少一个百分点，但比随后一年低至少一个百分点对应的时间。与此同时，文中进一步描述了停滞的长度（Length of Stagnation）和深度（Depth of Stagnation）。停滞的长度即为增长停滞发生后持续的时间，停滞的深度用增长停滞期间人均收入差值占停滞结束时对应收入的份额表示。其中，人均收入差值为增长停滞开始时对应的人均收入水平与停滞期间最低收入的差值。关于增长停滞时间段的直观描述如图 2-4 所示。

依据上述增长停滞时间段的界定标准，Reddy 和 Minoiu（2009）对 1960~2001 年世界 119 个国家或地区中不变当地单位货币测度的人均 GDP（GDP Per Capita in Constant LCUs）数据可用的增长时段进行筛选，不同区域国家或地区增长停滞状况如表 2-2 和表 2-3 所示。研究显示，在 119 个国家或地区中，有 72 个是显著的增长停滞国家，占比为 60.5%。表 2-2 报告了属于不同区域的国家或地区发生增长停滞的频数以及这些国家的占

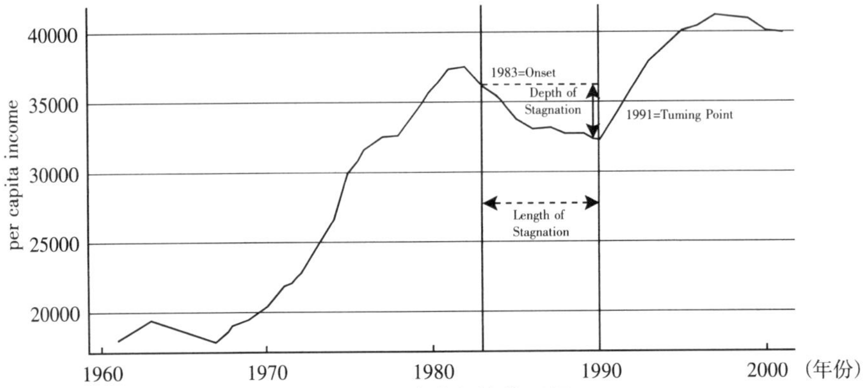

图 2-4　经济增长停滞区间

资料来源：Reddy and Minoiu，"Real Income Stagnation of Countries，1960-2001"，Journal of Development Studies，Vol.45，No.1，2009，pp. 1-23.

表 2-2　不同区域国家或地区增长停滞情况

国家或地区	国家（或地区）样本数	增长停滞数（1960~2001 年）	增长停滞国家（或地区）占比（%）
撒哈拉以南非洲	40	33	82.5
拉丁美洲	24	22	91.67
OECD	24	4	16.67
OPEC	10	8	80
初级产品出口国Ⅰ①	32	28	87.5
初级产品出口国Ⅱ②	12	10	83.33
内陆国家	23	15	65.21

资料来源：Reddy and Minoiu，"Real Income Stagnation of Countries，1960-2001"，Journal of Development Studies，Vol.45，No.1，2009，pp. 1-23.

比。从表 2-2 中可以看出，整体而言，OECD 较发达的经济体经历增长停滞的国家较少，24 个国家或地区仅有 4 个有增长停滞的情形发生，占比仅为 16.67%；其他区域的国家或地区均较大程度地经历了增长停滞，除内陆区域国家增长停滞占比为 65.21%，其余区域增长停滞发生率均达到

① 基于第一种衡量标准，即将 1970 年国民生产总值总初级产品出口所占份额超过平均值的国家视为初级产品出口国。

② 基于第二种衡量标准，即将 1970 年国民生产总值总初级产品出口所占份额超过平均值的一个标准差的国家视为初级产品出口国。

80%以上，拉丁美洲国家增长停滞情况最为严重，24 个国家中有 22 个均发生了增长停滞，占比达到 91.67%。与此同时，研究发现，增长停滞在增长严重依赖初级产品的国家中表现得十分明显。如 OPEC 的 10 个国家中有 8 个发生增长停滞，占总数的 80%。虽然依据不同衡量标准筛选出的初级产品出口国样本总数存在差异（第一种衡量标准筛选出初级产品出口国Ⅰ总数为 32 个，第二种衡量标准筛选出初级产品出口国Ⅱ总数为 12 个），但其中多数国家或地区都发生了增长停滞，占比分别为 87.5%和 83.33%。

表 2-3 给出了不同区域国家或地区增长停滞特征的具体描述，包括停滞的深度和停滞持续的时间长度等。由表 2-3 我们可以看出，不同区域国家或地区增长停滞的特征区别较大。就增长停滞平均深度而言，从 OECD 的 0.03、拉美国家的 0.24 到 OPEC 国家的 0.97；平均停滞长度从最少的 7 年（OECD）到最长的 18 年（初级产品出口国Ⅱ）；平均停滞时间段数较少的为 1.3 次（拉美、OECD 等），较多的则达到 1.8 次（OPEC）。整体而言，在所有国家或地区中，依赖初级产品发展的国家或地区经历增长停滞的特征较为典型。如石油输出国（OPEC）的平均停滞深度最大，为 0.97，同时平均到区域内每个国家或地区的平均停滞时间段数也是最多的，为 1.8 次；依据第二种衡量标准筛选出的初级产品出口国Ⅱ平均停滞深度达到 0.89，居于第二位，平均停滞长度最长为 18 年，几乎占到整个研究区间（1960~2001 年）的一半。同时，就撒哈拉以南非洲和拉美国家的比较

表 2-3 1960~2001 年基于不同国家或地区增长停滞的特征描述

国家或地区	增长停滞国家（或地区）数	平均停滞深度	平均停滞长度	平均停滞时间段数	停滞最长时间段
撒哈拉以南非洲	33	0.44	16	1.5	33 年，赞比亚
拉丁美洲	22	0.24	10	1.3	26 年，海地
OECD	4	0.03	7	1.3	7 年，希腊
OPEC	8	0.97	15	1.8	32 年，科威特
初级产品出口国Ⅰ	28	0.5	14	1.3	33 年，赞比亚
初级产品出口国Ⅱ	8	0.89	18	1.3	33 年，赞比亚
内陆国家	15	0.54	16	1.7	33 年，赞比亚

资料来源：Reddy and Minoiu，“Real Income Stagnation of Countries，1960-2001”，Journal of Development Studies，Vol.45，No.1，2009，pp. 1-23.

而言，不论是停滞深度还是停滞长度，撒哈拉以南非洲国家都要高于拉美国家。这意味着相较于拉美国家的增长停滞状况，撒哈拉以南非洲国家经历的增长停滞下降幅度更大，同时持续时间更长，是更为严重的增长停滞。

（4）增长减缓（Growth Slowdown）。Aiyar 等（2013）使用 2005 年不变美元衡量的人均收入的年度数据来计算 5 年时间段的人均 GDP 增长率水平。样本数据包括 1955~2009 年世界 138 个国家或地区的情况。Aiyar 等将增长减缓界定为一个国家对预期增长路径突然、持续地偏离，也即增长减缓意味着一个国家对过去增长路径的实质性偏离，其拉长了停滞和衰退的持续时间。具体而言，把真实增长率与估计增长率的差值定义为余值项，并借助余值项来界定增长减缓，即如果 t 期为增长减缓时期则需要满足两个条件：第一个条件（式（2.13）），要求 t - 1 期到 t 期余值的差值变得越来越小，反映出相对于预期增长模式而言，发生了实质性偏离；第二个条件（式（2.14））表示从 t - 1 期到 t + 1 期的增长也满足同样的条件，反映增长减缓的发生是持续性的。

$$res_t^i - res_{t-1}^i < p(0.2) \tag{2.13}$$

$$res_{t+1}^i - res_{t-1}^i < p(0.2) \tag{2.14}$$

其中，p(0.2) 表示从一期到另一期的残差差值经验分布的第 20 个分位数处。

表 2-4 和表 2-5 给出了依据上述衡量标准，对 1955~2009 年 138 个国家或地区增长减缓的筛选统计结果。由表 2-4 和表 2-5 我们可以看出：①发展中国家或地区的增长减缓发生的频率明显高于其他国家或地区，尤其是拉美和加勒比地区（15%）、中东和北非（17%）、撒哈拉以南非洲（12%）以及东亚和太平洋地区（12%）。②各时间段发生增长减缓的频数差别较大。1975~1980 年和 1980~1985 年增长减缓发生的频率（分别为 18%和 25%）高于平均水平，1960~1965 年发生增长减缓的频数（2%）最小。

二、关于增长陷阱的典型模型

有关增长陷阱的理论模型，可以分为以下几种：

（1）基于收入的非线性动态模型（Jalan & Ravallion，2004；Antman & Mckenzie，2007）。这种模型试图通过收入函数的凹凸性特征来考察增长分

表 2-4 增长减缓片段分布（依据区域划分）

是否发生减缓	发达经济体①	东亚和太平洋地区②	欧洲和中亚③	拉美和加勒比地区④	中东和北非⑤	南亚⑥	撒哈拉以南非洲⑦	总计（次数）
0（不减缓）次数	205	130	79	181	107	58	242	1002
1（减缓）次数	10	17	4	33	22	3	34	123
总计次数	215	147	83	214	129	61	276	1125
减缓发生频率（%）	5	12	5	15	17	5	12	11

资料来源：Aiyar et al.，"Growth Slowdowns and the Middle-Income Trap"，IMF Working Paper，2013，WP/13/71.

表 2-5 增长减缓片段分布（依据时间段划分）

是否减缓	1960~1965 年	1965~1970 年	1970~1975 年	1975~1980 年	1980~1985 年	1985~1990 年	1990~1995 年	1995~2000 年	2000~2005 年	总计（次数）
0（不减缓）次数	97	114	106	98	90	122	125	125	125	1002
1（减缓）次数	2	6	14	22	30	10	13	13	13	123
总计次数	99	120	120	120	120	132	138	138	138	1125
减缓发生频率（%）	2	5	12	18	25	8	9	9	9	11

资料来源：Aiyar et al.，"Growth Slowdowns and the Middle-Income Trap"，IMF Working Paper，2013，WP/13/71.

---

① 发达经济体包括：澳大利亚、奥地利、比利时、加拿大、丹麦、芬兰、法国、德国、希腊、冰岛、爱尔兰、意大利、日本、卢森堡、荷兰、新西兰、挪威、葡萄牙、西班牙、瑞典、瑞士、土耳其、英国和美国。

② 东亚和太平洋地区包括：文莱、柬埔寨、中国内地、中国香港、印度尼西亚、斐济、韩国、马来西亚、蒙古、老挝、巴布亚新几内亚、菲律宾、新加坡、中国台湾、泰国、汤加和越南。

③ 欧洲和中亚包括：阿尔巴尼亚、亚美尼亚、保加利亚、克罗地亚、捷克、爱沙尼亚、匈牙利、哈萨克斯坦、吉尔吉斯斯坦、立陶宛、波兰、俄罗斯、罗马尼亚、斯洛伐克、斯洛文尼亚、塔吉克斯坦和乌克兰。

④ 拉美和加勒比区域包括：阿根廷、巴巴多斯、伯利兹、玻利维亚、巴西、智利、哥伦比亚、哥斯达黎加、多米尼加、厄瓜多尔、萨尔瓦多、危地马拉、圭亚那、海地、洪都拉斯、牙买加、墨西哥、尼加拉瓜、巴拿马、巴拉圭、秘鲁、特立尼达与多巴哥、乌拉圭和委内瑞拉。

⑤ 中东和北非包括：阿尔及利亚、巴林、塞浦路斯、伊朗、埃及、伊拉克、以色列、约旦、科威特、利比亚、摩洛哥、马耳他、卡塔尔、沙特阿拉伯、叙利亚、突尼斯、阿联酋和也门。

⑥ 南亚包括：阿富汗、孟加拉国、印度、马尔代夫、尼泊尔、巴基斯坦和斯里兰卡。

⑦ 撒哈拉以南非洲包括：贝宁、博茨瓦纳、布隆迪、喀麦隆、中非共和国、刚果共和国、科特迪瓦、加蓬、冈比亚、加纳、肯尼亚、莱索托、利比里亚、马拉维、马里、毛里求斯、毛里塔尼亚、莫桑比克、纳米比亚、尼日尔、卢旺达、塞内加尔、塞拉利昂、南非、苏丹、斯威士兰、坦桑尼亚、多哥、乌干达、赞比亚和津巴布韦。

化问题，其基本公式为：

$$y_{it} = f(y_{it-a}, X_{it}) \tag{2.15}$$

其中，y_{it} 表示家庭 i 在 t 期的收入水平，它是关于家庭上一期的收入水平 y_{it-1} 和家庭当期的内生性特征向量 X_{it} 的函数。当函数 y_{it} 是关于 y_{it-1} 的单调递增的凹函数时，家庭当期收入的迭代过程就将构成具有高、低两个均衡点的多重均衡模型，如图 2-5 所示。非线性收入模型可以简单、有效地描述增长陷阱问题，与此同时，当改变函数的性质使其更复杂时，就有可能产生多于两个的均衡点。

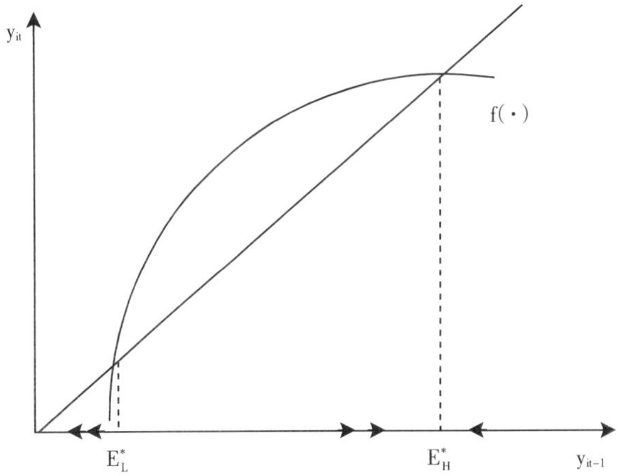

图 2-5　增长陷阱的非线性动态收入模型

（2）基于信贷资产不完全的临界值模型（Carter & Barrett，2006；Tsehay & Bauer，2012）。这类方法设定生产函数是非凸性的，以此来解释增长分化问题。其基本公式为：

$$y_{it} = f(y_{it-1}, rA_{it-1}, X_{it}) \tag{2.16}$$

其中，y_{it} 为家户 i 在 t 期的收入，A_{it-1} 表示家户 i 在 t - 1 期拥有的资产水平，r 表示上一期的资产能转化为当期收入的回报率，X_{it} 是表征当期家户内生性特征的向量。这种方法主要是基于家户资产和产出间的非线性关系来对增长陷阱进行阐释，与此同时，对这种方法的运用往往会借助某一种具体形式的市场失灵（如不对称信息或信息搜寻成本存在引起的差异性生产技术，或者由于非经济性特征导致的市场分割以及规模报酬递增等）情况展开。

（3）基于收入水平的收敛模型（Mankiw，Romer & Weil，1992；Barro & Sala-i-Martin，1992）。这种方法主要用于检验地区间的增长收敛情况，相关绝对收敛或条件收敛的基本公式主要包括以下两类：

$$g_{it} = \alpha + \beta \cdot \ln(y_{it-1}) + \varepsilon_{it} \tag{2.17}$$

$$g_{it} = \alpha + \beta \cdot \ln(y_{it-1}) + \gamma \cdot X_{it} + \varepsilon_{it} \tag{2.18}$$

其中，g_{it} 表示 t 期第 i 个地区的增长率水平，y_{it-1} 表示第 i 个地区 t－1 期的收入水平，X_{it} 为表征地区经济特征（如人力资本等）的控制变量。

三、增长减缓与经济增长动力

以增长减缓为突破口研究增长动力的文献包括 Ben-David 和 Papell（1998），Pritchett（2000），Hausmann 等（2008）以及 Eichengreen 等（2011，2013）等。Ben-David 和 Papell（1998）以 1950~1990 年 74 个发达国家或地区和发展中国家或地区 GDP 增长率数据为样本，找出在这段时间内统计上显著的增长停滞（Break Point）的点，而这些停滞点多数与经济增长减速有关。通过对不同阶段停滞点的统计发现，发达国家的增长减速多数集中在 20 世纪 70 年代，而发展中国家或地区（尤其是拉丁美洲国家）很多增长停滞都发生在 20 世纪 80 年代。然而，这一研究仅是对人为认定的增长停滞进行统计分析，没有给出增长停滞或减缓的明确定义，也并未深入分析导致增长停滞发生的原因。其他一些文献则在此基础上进行了丰富和发展，Pritchett（2000）的研究中对增长减缓进行了更为严格的界定，Hausmann 等（2008）则对导致增长停滞的原因进行了简单的探讨。

Eichengreen 等（2011）界定了增长减缓需要满足的三个条件，通过对筛选出的 1956 年至今满足增长减缓条件的快速增长经济体的增长片段进行研究，发现增长减缓容易发生在人均 GDP 位于 16700 美元（或是 15000~16000 美元）处，此时人均 GDP 是先进国家的 58%；国家制造业就业份额占比为 23%。并根据这一结论，对中国何时会发生增长减缓进行预测，文中假设中国以过去十年人均 GDP 的年均增长率 9.3%增长，则至 2015 年中国的人均 GDP 就会达到增长减缓的门槛值；如果同时美国的年均增长率为 1.9%，则至 2023 年，中国人均 GDP 是美国人均 GDP 的 58%。Eichengreen 等（2013）进一步指出，很多中等收入国家或地区往往会经历两次增长减缓，当人均 GDP 位于 10000~11000 美元时，增长减缓也同样容易发生。当发生增长减缓时，人均 GDP 增长率一般会从 5.6%下降至 2.1%，平均降幅为 3.5 个百分点，也即快速增长的中等收入国家在进入“中等收入陷阱”之前很有可能会发生阶段性衰退（Decelerate in Steps），而不是在某个时点上人均 GDP 迅速下降。同时指出，增长减缓发生时，从农业到工业的劳动力转移不能带来额外的生产率提高，全要素生产率下降幅度显著，而且进口国外技术的收益也会下降。

关于经济发生增长减缓的一般解释路径概括为：刘易斯式的发展过程（Lewis-type Development Process）（Agenor et al.，2012）。在这个分析框架下，当达到中等收入或中等偏高收入阶段时，能在快速增长的初始阶段带来高速增长的因素和优势，即低成本劳动力和对国外技术的模仿就会消失。在初始阶段，低收入国家可以通过引进国外技术生产劳动密集型的低成本产品来参与国际市场竞争。这些国家或地区可以通过将劳动力从生产率低的农业重新配置到生产率高的制造业中实现生产率的大幅度提高。然而，一旦这些国家或地区达到中等收入水平，就会因为农业没有充分的就业剩余劳动力而被吸收殆尽，工资开始上涨，低劳动力成本的优势将逐渐消失。由于部门间要素重新配置和技术赶超带来的生产率的增长消失了，同时工资上涨使劳动密集型产品的出口在世界市场失去优势，与此同时，其他国家或地区也相继进入到快速增长的阶段而开始与之竞争。换句话说，发生增长减缓与增长过程中的某个时间点紧密相关，当到达这个时间点时，剩余劳动力从农业向工业部门的转移不能带来生产率的提升，同时引进外国技术产生的收益也会下降。

四、产业结构与经济增长动力

从产业结构的角度研究增长动力问题。世界银行在 2010 年的研究报告《有力的复苏，增加的风险》中指出，“东亚中等收入国家需要通过调整产业结构，改变中间产业过于密集的现状，从而实现向高收入阶段的跨越。然而，这也并非易事，拉美和中东的很多国家或地区处于这一阶段时，仍试图通过低成本、大规模生产来维持自身的优势，而没有实现向知识密集型产品生产和创新为主的产业结构升级，陷入‘中等收入陷阱’之中”。Ohno（2009）将发展受阻解释为国家在产业发展中，由于促进产业升级的潜在推动力缺失，从而不能顺利实现产业升级。同时，认为“中等收入陷阱”即已经拥有自己支柱产业的国家无法实现从对国外的技术模仿、吸收为主向以自主创新为主的发展模式的转变，从而无法实现向第三个阶段的跨越，滞留在第二个阶段的情形。

亚洲金融危机后韩国的发展是通过成功实现产业升级推动自身摆脱“陷阱”的典型代表。由于金融危机的重创，韩国曾一度需要通过接受国际救援才能度过危机，随后，其将发展重点放在推动产业结构提升上，依次经历早期发展纺织等劳动密集型产业，到以钢铁、汽车和造船为主的资本密集型产业，再到知识和技术密集型产业，包括半导体和电脑等，成功实现了从制造业生产向以创新为导向的科技发展的转变。Perez-Sebastian（2007）指出，在发展的初始阶段，模仿是生产率增长的主要源泉，但如果经济体发展到较高阶段时，基于国外成果的创新（即新想法、技术的应用以及生产性活动的进行等）就将成为增长的重要动力。Yusuf 和 Nabeshima（2009）以及 Tho（2013）认为，与韩国的成功经验相比，东南亚国家的主要问题就是不能形成以高技术和高创新能力为核心的比较优势。UNIDO（2009）指出，不仅对于马来西亚和泰国，对于其他中等收入国家来说，提升产业价值链，通过发展知识和创新密集型产品和服务来与发达国家竞争才能实现自身的快速增长。Lin 和 Treichel（2012）认为拉美和加勒比海地区国家就是因未能成功实现产业结构从低附加值向高附加值的升级而陷入“中等收入陷阱”。

这些研究内在地表明，当一个国家跨入中等收入阶段后，如果不能实现经济的持续稳定增长，将无法实现向高收入阶段的跨越，落入“中等收入陷阱”之中。这也意味着一个国家如果要避免落入“中等收入陷阱”，就必须及早调整其结构性因素，寻找提高生产率的新的方式。提高生产率的主要方式就是将产业转移到具有高附加值的产品和服务生产上，发展本土创新活动，而不是一味追求对国外技术的模仿。换句话说，最关键的问题就是如何将模仿为主转变为基于国外技术的创新发展。

五、人力资本结构和出口结构与经济增长动力

促进产业链提升很重要的因素就是优化人力资本结构，提高高技能劳动者的数量，实现劳动力结构和产业结构的匹配。Eichengreen 等（2013）的研究表示，中、高等受教育人口比例高的国家以及出口以高科技产品为

主的国家很少经历增长减缓（slowdown）。同时发现，当控制其他因素不变时，接受中学、大学以及高等教育人口份额的增加会降低增长减缓的发生率；但是，当控制中、高等受教育人口份额不变时，教育水平的普遍提高并不能产生同样的结果。因此，对于规避增长减缓而言，高质量的人力资本比低质量的人力资本显得更为重要，一个国家可以通过不断提升高质量人力资本的数量，带动自身产业技术升级来规避“中等收入陷阱”。

青木昌彦（2011）将东亚式的发展模式归纳为五个阶段，即“马尔萨斯”式的贫困陷阱阶段（“M”阶段）、以政府为主导的发展阶段（“G”阶段）、通过结构变迁实现的“库兹涅茨—刘易斯式”的发展阶段（“K”阶段）、以人力资本为主导的经济发展阶段（“H”阶段）和后人口红利阶段（“PD”阶段）。青木昌彦表示，中国目前已经跨越了通过产业结构变迁实现增长的“库兹涅茨”发展阶段，需要逐步过渡到以人力资本积累为主的“H”阶段；并指出韩国、日本能成功实现向高收入阶段的跨越正是因为在这个阶段取得了关键性的胜利。Agenor 等（2012）通过两期三部门的世代交叠模型探讨了“中等收入陷阱”的存在性问题。结果显示，增长过程中存在多重稳态均衡，以低生产率和研发部门拥有较少份额高技能劳动者反映的人力资本错配为特征的低增长均衡即为“中等收入陷阱”。马来西亚和泰国正是由于高人力资本的缺失而陷入“中等收入陷阱”。同时，人力资本积累也能带来全要素生产率的提高（Kuijs，2010），其研究显示，1978~2009 年，全要素生产率年均增长 3%~3.5%，其中约 15%的增长来源于人力资本的积累。

由于产业结构升级和调整很难测度，因此通常用贸易结构指数（如 ECI 等）作为衡量产业结构的替代变量。Berg（2013）研究发现，贸易结构指数能很好地预测中等收入国家的增速；同时，Felipe 等（2012）指出，陷入“中等收入陷阱”的国家就是因为自身技术积累不足，没有形成复杂、多样化的出口结构。出口中技术密集型产品所占比重越大，则经济体遭遇增速放缓的可能性就会越小（Eichengreen et al.，2013）。Eichengreen 等（2011）考虑了人力资本结构、出口结构（以高科技含量产品和低科技含量产品的出口数量来衡量）、金融和政治稳定性以及外部冲击等因素对增长减缓的影响。研究发现，增长减缓往往伴随着前期的高速增长、不合理的人口特征（尤其是高的老龄依存率）、高投资比率及汇率低估等特征。

六、全要素生产率与经济增长动力

Eichengreen 等（2011）利用增长核算模型，对 1957~2010 年世界所有国家满足增长减缓的时间段进行计量分析发现，快速增长经济体的增长减缓中 85%归因于全要素生产率的下降。这与 Krugman（1994）指出的全要素生产率是美国等发达经济体经济增长的主要来源的观点一致。Parent 和 Prescott（2010）的研究证实，国家间收入水平存在差异的主要原因是采纳的不同技术和制度因素造成的全要素生产率的差异。日本经济在 20 世纪 90 年代停滞不前，也是由于全要素生产率表现欠佳的缘故（Hayashi & Prescott，2002）。Wu（2013）也对不同收入国家全要素生产率进行计算，并进一步区分了由生产可能性边界外移导致的技术进步和优化资源配置带来的效率提高。

七、增长内部环境、外部环境与经济增长动力

研究发现，汇率明显被低估的国家经历增长减缓的可能性更大（Eichengreen et al.，2011），对其的解释为，依靠汇率贬值来提高经济增长的国家更容易受到外部冲击的影响，从而导致自身持续的增长减缓。在早期阶段经济增长是依靠将劳动力从农业转移到出口导向的制造业带来的，真实汇率被低估的政策可以促进出口，带来经济增长。但当经济体发展到需要以创新和知识密集型产业拉动增长的阶段时，政府往往不愿意放弃之前的政策战略，使经济体更容易增长减缓。同时，人口老龄化和收入不平等也是使经济增长放缓的重要原因（Vandenberg & Zhuang，2011；Egawa，2013）。

改善一国贸易条件或面临有利的外部冲击时，经济体虽然可以实现中短期的经济加速增长，但是，要想通过经济持续加速增长实现向发达经济体的收敛却绝非易事（Hausmann et al.，2005）。世界银行（2012）的报告指出，1960 年的 101 个中等收入国家或地区，至 2008 年仅有 13 个成为了高收入国家或高收入地区，弗里德曼将成功的原因归结为：务实的汇率政策以及金融体系的自由化，贸易方面实行关税减免、进口自由的政策，与此同时，也积极地增加出口。同时，收入差距扩大使处于中间阶层的群体

“夹心化”，城市化进行过程中会形成新的二元结构，最终由于人力资本和教育投入不足产生产业结构失衡和粗放增长的局面（George et al.，2004）。

霍米·卡拉斯（2011）表示，中等收入国家在向高收入阶段的跨越中，将不可避免地面临转变政府职能和深化体制改革的很多制度变迁。如加快创新和高等教育发展、完善资本市场、改善城市管理和加速城市化产生集聚效应以及建立有效的分权、反腐败的法治体系等。

第三节　长期经济增长动力：国内相关研究综述

国内学者关于增长动力和“中等收入陷阱”问题的研究主要通过理论综述和逻辑演绎的方式进行，也有一些学者在实证分析方面做了一些有益的尝试。

一、“中等收入陷阱”的发生机制

关于导致“中等收入陷阱”发生机制的探讨。张平和王宏淼（2010）将落入“中等收入陷阱”的原因归结于当一个国家进入中等收入阶段，尤其是进入中等偏高收入阶段后，不能很好地应对政治、经济环境变化带来的挑战，从而陷入长期徘徊。也有学者认为不能实现经济增长方式的转变和转换增长机制是增长受阻的直接诱因（马岩，2009；刘伟，2011）。在低收入阶段能推动经济摆脱“贫困陷阱”的增长模式在进入中等收入阶段后，不能满足经济发展的需求，如果不能及时改变经济增长的机制，转变发展模式，就会出现人力资本积累不足、产业升级缓慢、收入差距扩大等一系列社会、经济问题，导致增长停滞。蔡昉和王美艳（2014）研究表明，收入分配恶化和增长停滞是互为因果、互相强化的关系，不合理的收入分配结构是导致“中等收入陷阱”的重要因素。吴敬琏（2008）强调，“中等收入陷阱”的本质是经济体发展到某个阶段遭遇的增长驱动不足。其将经济增长分为三个阶段，分别为起飞前、早期经济增长阶段以及知识经济或现代经济增长阶段，不同阶段对应的驱动因素不同：第一阶段为要素、资本以及创新，第二阶段为效率和第三阶段为服务驱动。如果经济中的驱动因素不能很好地跟当时的发展阶段相匹配，就会使经济发展落入“陷阱”。

厉以宁（2012）认为，“中等收入陷阱”实际上包含了三个层面的陷阱，分别为“发展的制度陷阱”“社会危机陷阱”和“技术陷阱”。“发展的制度陷阱”主要是指从低收入进入中等收入阶段后，仍保留着传统制度安排，因而对经济产生阻碍，摆脱“困境”主要是通过深化传统体制改革；解决“社会危机陷阱”需要从缩小城乡、区域的收入差距，创新社会管理的角度着手；而规避“技术陷阱”则需要依靠技术创新、大力发展和完善资本市场完成。郑秉文（2011）表示，跨越“中等收入陷阱”的关键就是要在不同的发展阶段，选择适当的发展战略与自身面临的外部环境（如贸易环境等）相匹配，以实现经济的可持续增长。蔡昉（2011）将经济体向高收入阶段跨越的整个过程归纳如图 2-6 所示。由图 2-6 可知，一个经济体在进入高收入阶段之前需要依次面对“贫困均衡陷阱”“中等收入陷阱”的挑战，最后进入高水平经济增长稳态，完成经济转型的目标。文中指出，在经济发展的早期需要通过实现临界最小努力水平来突破“贫困陷阱”；当经济体达到中等收入水平时，要努力转变经济增长方式，避免落入“中等收入陷阱”；最后当经济体发展到较高阶段时，要注重前沿技术创新，实现创新驱动增长的模式，实现高收入阶段的稳态增长。

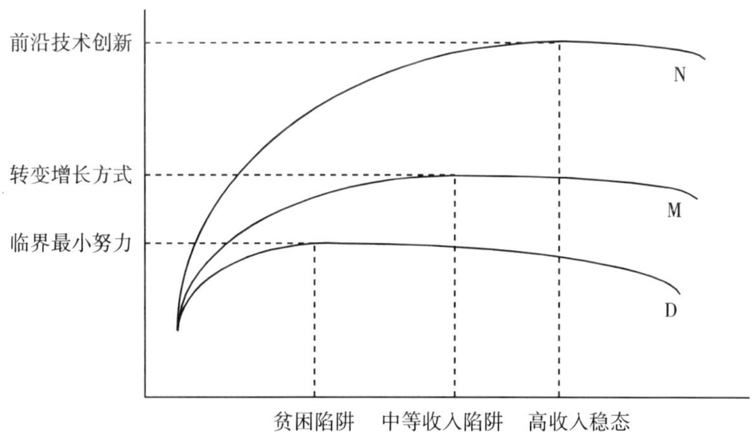

图 2-6　经济增长的转折点与突破战略

资料来源：蔡昉：《“中等收入陷阱”的理论、经验与针对性》，《经济学动态》2011 年第 12 期。

二、“中等收入陷阱”与长期经济增长动力

有一些学者的研究着重论述了人力资本积累对摆脱当前发展困境的重要性。张飞和全毅（2012）对“二战”后东亚国家和拉美国家的人力资本投资进行比较指出，东亚国家和地区之所以能实现经济的快速持续增长是因为“二战”后增加了对人力资本的投资；拉美国家虽然也加大了教育投入，但是由于基础教育普及较差，导致劳动者素质普遍低下，不利于劳动生产率提高，同时延缓了产业结构升级。肖丹丹和陈进（2013）通过分析我国的劳动力结构和质量指出，可以通过增加人力资本投资的途径来规避“中等收入陷阱”，具体方式包括：增加健康资本投入、教育投入以及技能培训等。张林秀等（2014）指出，我国发达地区和落后地区严重的人力资本不平衡是导致“中等收入陷阱”的主要诱因，他们强调要增加对西部贫困地区的农村营养、医疗和教育投资来促进人力资本的平衡发展。巫和懋与冯仕亮（2014）以“拉美八国”及亚洲“四小龙”“四小虎”和日本为分析样本，用高等教育占比作为衡量人力资本的替代指标，研究发现，人力资本水平与一国能否跨越“中等收入陷阱”以及跨越所需时间的长短都有密切联系。文中强调，人力资本作为技术的载体，有利于技术吸收和技术引进，同时还可以通过累积效应、干中学效应和知识溢出效应推动技术创新，提高资本和劳动等其他投入要素的使用效率。

2010 年中国的人均 GNI 水平达到 4035 美元，这预示着中国已经进入“中等偏高收入”国家的行列，随之而来的是人们对中国能否跨越“中等收入陷阱”的担忧，一些学者就此展开讨论。很多学者都认为中国很有可能落入“中等收入陷阱”，原因包括：难以实现可持续增长的发展模式（刘方棫和李振明，2010）以及社会惯性和管理体制缺陷对产品需求的结构调整和产业升级形成阻碍（马晓河，2011）。通过对拉美国家和东南亚国家落入“中等收入陷阱”教训的总结和东亚日本、韩国等成功进入高收入阶段的经验借鉴，蔡昉（2008）指出，我国避开“中等收入陷阱”的关键是解决收入差距偏大的问题，而“良好的收入分配格局是中国跨越‘中等收入陷阱’的关键”，其认为早期产生的适当的收入差距会激励增长，但持续扩大的收入差距破坏了社会稳定时，就会对增长产生阻碍。陈亮（2011）表示，在经济全球化背景下，当前中国的发展应该以产业转型为

途径，以自主创新为动力，以战略性贸易政策为保障，以加大创新投入为契机，加快对内对外经济发展方式的转变，从而实现对“中等收入陷阱”的跨越。蔡昉（2011）进一步强调，对我国而言，最重要的是突破人口红利消失和“刘易斯拐点”到来产生的增长瓶颈，需要着力提高全要素生产率水平、增加人力资本积累以及推动政府职能转变和深化体制改革等。

三、相关实证研究

探索“中等收入陷阱”实证方面的文献，其实质还是对长期经济增长动力问题的研究。主要包括：张德荣（2013）在经济增长分析框架下，将所有国家分为低收入样本、中低收入样本、中高收入样本和高收入样本，分别对发展到不同阶段的增长动力机制进行研究。研究发现，对于中等收入国家的持续发展而言，制度和原创性的技术进步显得尤为重要，强调鼓励创新和加强政府治理对跨越“中等收入陷阱”的重要性。

李猛（2013）使用 Ordered Logistic 模型探讨了中国经济减速发生的原因。具体模型为：

$$js^* = \alpha + \sum_{i=1}^{n} \beta_i Z_i + \varepsilon \tag{2.19}$$

其中，js^* 代表经济减速的趋势，Z_i 表示导致增长减速的各种因素。当 js^* 大于 2%时，则 js 取值为 2；当 js^* 大于 0 小于 2%时，则 js 取值为 1；当 js^* 小于 0 时，则取值为 0。进一步，经济减速的概率累积分布函数即可以表示为：

$$P_{js} = P(js^* \leqslant js) = \frac{\exp[\lambda - (\alpha + \sum_{i=1}^{n} \beta_i Z_i)]}{1 + \exp[\lambda - (\alpha + \sum_{i=1}^{n} \beta_i Z_i)]} \tag{2.20}$$

研究结果显示，中国经济发生减速有 90%是由于全要素生产率的增速下降导致的，剩余 10%可以由资本积累不足来解释，劳动在其中不起任何作用。

第三章　探究长期经济增长受阻的原因
——理论机制与因素分析

第一节　基于贫困陷阱理论的分析

一、贫困陷阱理论的提出

所谓“贫困陷阱”即发展中国家在经济起飞阶段出现的经济停滞的状态。“贫困陷阱”问题一直是发展经济学研究的热点，相关研究最早可以追溯到20世纪50年代，学者基于马尔萨斯关于“人口陷阱”的论述发展了“人口陷阱”理论，并希望依托这个理论从人口增长的角度来解释为什么发展中国家的经济增长会出现停滞的状况。自此，很多学者开始对“贫困陷阱”问题进行激烈讨论，其中最具代表性的理论包括：Rosenstein-Rodan（1943）提出的“大推进”（Big Push）理论；Nurkse（1953）的“贫困恶性循环”（Vicious Circle of Poverty）理论；Nelson（1956）的“低水平均衡陷阱”（Low-level Equilibrium Trap）理论；Myrdal（1957）的“循环累积因果”（Circulation and Cumulative Effect）理论；Leibenstein（1957）的“临界最小努力”（Critical Minimum Effect）理论。

这些理论分别从不同角度对“贫困陷阱”的形成机制进行论述。如“贫困恶性循环”理论指出，低收入会导致经济体中低储蓄和消费需求不足，不能形成有效的资本积累，从而影响产出和收入；“低水平均衡陷阱”理论则是通过探讨收入和人口增长的关系来研究资本的形成路径；“临界最小努力”理论认为，要使发展中国家打破增长的低水平均衡，投资水平必须达到某个临界值，使由资本投入带来的收入增长速度快于人口增长速度，而满足这一要求的最小投资水平值即为“临界最小努力”。这些研究虽然视角不同，但都强调资本匮乏和投资不足是导致发展中国家增长停滞，经济陷入恶性循环的根本原因，同时其均主张通过加大资本积累力度以摆脱“贫困陷阱”的束缚。谭崇台（2001）指出，“贫困的根源在于经济增长停滞和人均收入低下，而经济增长停滞和人均收入低下的根源又在于资本匮乏和投资不足”。

二、贫困陷阱的形成机制

关于贫困陷阱理论的形成机制，我们主要从以下三个方面进行论述：

（1）资本积累的临界门槛（Critical Threshold）效应。该理论认为，经济机制只有在物质资本或人力资本投入达到一定规模，跨过某个临界的门槛值之后才会发挥作用。从微观层面来讲，临界门槛效应的本质即存在互补性和协调失灵。当经济主体的策略选择取决于其他人所做的决策时，就会产生互补性，而互补性的存在往往会带来报酬递增和多重均衡。Murphy，Shleifer 和 Vishny（1989）对 Rosenstein-Rodan 的大推进理论进行发展，考察了不完全竞争和总需求溢出约束下企业投资情况。研究发现，当投资具有互补性时，虽然单个企业通过投资采用新技术无利可图，但由于本企业工人工资上涨会增加对其他企业产品的需求，当这种需求溢出效应足够大时，就会出现多重均衡。同时，他们考察了基础设施和中间投入品的投资协调问题，指出基础设施若由某个垄断企业单独投资则无济于事，只有当所有企业都参与投资才会产生多重均衡。Azariadis（2004）强调，多数落后国家或地区（包括东亚和东南亚国家），没有成功实现增长赶超的根本原因是投资没有达到临界的门槛值，从而陷入停滞。同时指出，门槛效应存在的主要原因是资本市场不完善，因此穷国或者个人在资本市场不能获得平等的融资机会，进而无法实现长期的经济发展。这一观点也在 Matsuyama（2005）的研究中得到印证，他在文中表示，在生产函数为严格凹的假定前提下，对贫穷国家的投资会带来更高的投资收益率，由高回报吸引的高投资带动的高增长可以促进贫穷国家向发达国家的趋同；但是由于资本、信贷市场的不完善，富国在竞争资本时更具优势，因而会出现增长分化的情形，导致多重均衡。

（2）制度失灵（Dysfunctional Institution）。由于资源分配不公或产权界定不明晰的制度失灵使国家发展停滞，陷入贫困陷阱的情形。North（1990）表示，制度是人为对经济、政治和社会活动设定的约束，主要为了减少交易的不确定性和维持交易的秩序。其不仅包括法律、制度、产权等正式约束，也包括习俗、禁忌、传统等非正式约束。制度在很大程度上能使经济体中的个人彼此信任和产生确定性预期，进而对经济主体的行为起到规范作用。Hoff 和 Sen（2004）指出，非正式制度往往带有消极的惰性，会引导人们往低水平均衡的状态发展。因为发展中国家正式制度很不健全，基于亲缘、地缘等因素发展起来的非正式制度虽然能在很大程度上弥补正式制度缺失的不足，但是随着经济发展和市场体系的完善，其也很难承担起协调重任，甚至会成为经济发展的阻碍。制度还有路径依赖性，不好的制度会通过强化市场失灵使贫困延续下去，从而产生“贫困陷阱”；同时，制度的互补性也允许多样化的制度安排，从而造成多重均衡的结果（青木昌彦，2002）。

（3）毗邻效应（Neighborhood Effect）。毗邻效应指群体中某个人的决策，会通过对其他成员的影响，最终导致整体决策的扭曲，包括同龄人间的影响（Peer Group Effect）以及榜样效应（Role Model Effect）。这种存在于群体间的相互作用的内在机制，如果产生不好的示范效应，则会使整个群体面临集中贫困和持续贫困。Sampson 和 Morenoff（2006）研究发现，贫困的毗邻效应和集中会导致社会控制的集体效能（Collective Efficacy）下降和犬儒主义（Cynicism）增加，使贫困持续恶化。这种毗邻效应在家庭内部也会发挥作用（Durlauf，2006）。其理论逻辑为：父母决定对子女的教育投入，而贫困家庭会选择接受更少的教育，从而导致子女收入低，影响对下一代的教育投入。同时，贫困家庭的子女接触不到好的教育资源，以及接受教育的意识淡薄等会使这种状况更加恶化，导致贫困一直持续，最终个人的理性选择会导致整体落入贫困陷阱之中。

三、贫困陷阱与增长减缓

“贫困陷阱”理论强调的是地区经济由于某一种自我加强机制导致出现停滞或负增长而陷入低水平均衡（Azariadis，2004）。传统理论具有浓厚的结构主义色彩，认为资本积累和投资不足是导致增长停滞，陷入贫困陷阱的根源；政策上也强调通过政府干预解决协调失灵的问题。在此基础上，很多学者对“贫困陷阱”理论进行进一步的延伸，着重从地理因素、自然资源、疾病、犯罪、教育和政治制度等不同方面对贫困陷阱的加强机制进行阐释。

Easterly（2001）的研究表明，贫困国家更容易受到外部冲击，如受饥荒、自然灾害和疾病等的影响而落入“贫困陷阱”。其通过对 1990~1998 年各种外部冲击的数据统计发现，在此期间，收入位于“世界最低 20%”行列的国家中，27%经历过饥荒，94%的大型自然灾害发生在贫困国家。同时，这些国家 1%的人口因此成为难民，而这些情况在位于“最高收入 20%”行列的国家中均不存在。就疾病冲击方面，文中指出，在位于“最低收入 20%”行列的国家中，低风险人群携带“HIV”病毒的比例为 11%，而位于“最高收入 20%”行列的国家这一比例仅为 0.3%。

犯罪导致“贫困陷阱”的机制可以通过犯罪与产出增长和就业的互动来阐释：就业需求的增加会拉动产出增长，降低犯罪；同时，产出的增加会诱使犯罪行为发生（Mehlum，Moene & Torvik，2005）。文中通过对 1986~1994 年 39 个国家的面板数据进行分析，发现产出增长较快的高收入国家，犯罪降低的效应会起主导作用，就业增加导致犯罪下降；而在现代化水平不高的低收入国家中，产出增长往往伴随着犯罪增加，导致经济陷入高犯罪、低就业的“贫困陷阱”之中。

Azariadis 和 Stachurski（2005）对导致贫困陷阱的各种强化机制进行评述，其认为发展中国家存在的市场和制度失灵使其物质资本和人力资本积累不足是导致国家或地区落入“贫困陷阱”的根源。就市场失灵而言，资本市场的不完善使贫困国家即使投资回报率高，也很难在资本市场与发达国家竞争；在人力资本市场上，由于信息不对称的存在，使高人力资本的劳动者获得的工资回报不能弥补其对人力资本的投资，这样就降低了经济方面对人力资本投资的积极性；同时，厂商进行技术研发投资时，产生新的技术需要具备一定人力资本的劳动者与之匹配，如果经济主体普遍减少对人力资本的投资，会使厂商对研发出的新技术的使用产生悲观预期（Acemoglu，1997），进而不会投资研发新技术，这样就会使经济体落入低技术、低人力资本需求、低投资的恶性循环；而且人力资本投资的策略具有互补性特征（Kremer，1993），通过低人力资本投资的自我强化作用，经济体最终落入人才匮乏的低水平均衡。

不同国家和地区经济增长会存在差异，从根本上看这些差异是源于制度的不同，产权制度不完善或是管理体制混乱等，这些都会导致国家落入“贫困陷阱”（Acemoglu et al.，2005）。就制度失灵方面，如政治腐败，对发展中国家的发展也是极为不利的，因为腐败会增加投资的不确定性，降低投资收益；腐败会阻碍基础设施投资；而且，腐败不利于创新激励。总之，腐败会造成贫困国家发展的困扰。

“贫困陷阱”是发展中国家在经济起飞阶段出现的经济停滞的状态，而“中等收入陷阱”主要关注收入已经达到中等收入水平的国家，可能面临的经济持续放缓的现象。通过对东亚经济体增长历程的总结，青木昌彦（2011）用五个阶段展现东亚式发展模式，即马尔萨斯式的贫困陷阱阶段（“M”阶段）、以政府为主导的发展阶段（“G”阶段）、通过结构变迁实现的库兹涅茨—刘易斯式的发展阶段（“K”阶段）、以人力资本为主导的经济发展阶段（“H”阶段）和后人口红利阶段（“PD”阶段）。“贫困陷阱”和“中等收入陷阱”都意味着经济发展停滞和增长困境，但是所处的阶段是不同的，因此，需要克服的困难也会存在差异。

第二节　基于多重均衡理论的分析

所谓“多重均衡”问题实际上是研究描述经济特征的定义方程、行为方程和约束方程等经济系统具有非唯一均衡解的问题。Black（1974）和Taylor（1980）最先通过对具有理性预期的新古典货币模型的改进，发现并提出了多重均衡问题。新凯恩斯经济学在分析经济个体间的博弈行为时，采用多重代表性个体的分析模式，认为信息不对称框架下存在的协调失灵问题是多重均衡产生的根本原因。在这样的经济系统中，不存在帕累托最优的唯一均衡解，经济会收敛到不同的局部稳态均衡处。

目前，会产生多重均衡的经济模型通常具备两个特点：①经济模型中考虑了经济行为的非线性特征，此时多重均衡的选择会比较复杂，甚至有可能导致无穷个均衡的混沌状态；②经济的不确定性使求解的均衡表达式中存在非确定性参数，此时参数的不同就对应着不同的均衡。因此，经济中存在多重均衡体现了经济运行的复杂性和不确定性，是经济行为面临大量选择的本质体现。

一、多重均衡存在性的判断

存在多重均衡反映了经济具有稳态特征，探讨多重均衡的存在性问题与经济的稳定性密不可分。经济的稳定性包括两种类型，即状态稳定和预期稳定。经济系统的状态稳定性是指，当出现偏离初始均衡的状况时，经济会重新收敛到原始均衡的趋势，也即此时的经济中只有唯一的均衡。经济的预期稳定性表示，当偏离最初的均衡状态时，经济会通过理性预期或其他预期调整方式向新的最优均衡收敛，当新的均衡点不是初始的均衡点时，就会导致多重均衡的产生。预期稳定实际上体现了预期学习过程的收敛性，而多重均衡正是跟预期和不确定性密切相关。

对于多重均衡存在性的具体判断，Blanchard 等（1980）给出了离散时间模型中判断的一般性定理。具体而言，经济中包括跳跃变量和松弛变量。跳跃变量是指经济变量不会受到其过去值的影响和其他约束。跳跃变量不具有黏性特征，可以对经济的外部冲击做出跳跃性的反应；而松弛变量恰好相反，其与过去值相关，同时受过去值和其他条件的约束。松弛变量体现出一定程度的黏性，同时需要满足某些约束，如连续性或可微性等要求。对含有理性预期的线性方程是否存在均衡，以及是唯一均衡还是多重均衡的判断需要通过比较行为状态方程中跳跃变量的个数和线性微分或差分方程非稳定根的个数来确定。当跳跃变量的个数比特征方程非稳定根的个数少时，则不存在稳态均衡点；当跳跃变量的个数恰好跟特征方程非稳定根的个数相等时，则会存在唯一的稳态均衡；当跳跃变量的个数比特征方程非稳定根的个数多时，模型就会出现无穷多的稳态均衡点。由此可见，跳跃变量，如利率、工资、价格等，对稳定经济运行起着重要的作用，跳跃变量越多，则经济运行的可调节性就会越强。

通过这一标准，结合经济稳定性的要求，在含有理性预期的线性差分或微分方程中，就可以判断均衡是否存在以及是唯一均衡还是多重均衡的问题。随后，Buiter 等（1984）又将这一结论应用到连续时间的情形中。

二、多重均衡对长期增长的意义

多重均衡问题的提出对于在新经济增长理论发展中苦于找不到出路的各种收敛性假说而言，无疑是一盏指路明灯，为其提供了理论基础。新经济增长理论的绝对收敛假说认为，如果经济中存在唯一的稳态均衡，则无论这个国家处于怎样的发展水平，拥有的初始资源禀赋和制度环境如何，长期而言，经济均会收敛于唯一的稳态均衡处；而且，初始资本积累不足的国家，由于资本的边际回报率高，会以更快的速度向均衡收敛。然而，对现实的检验却远非如此，可能的解释即经济中存在多个稳态均衡而非唯一，初始条件和制度环境不同的国家会向不同的均衡收敛。因此，多重均衡的存在性为增长理论中的各种收敛假说提供了依据。

多重均衡的存在是分析经济短期均衡和局部均衡的基础，经济的调整会产生不同的鞍点均衡。正是由于多重均衡存在的可能性，所以才有经济的动态调整和局部稳态均衡的概念，此时的政策分析即是对不同均衡收敛路径的选择问题。非均衡分析中变量调整假设和市场机制假设，使多重均衡的出现更为合理，此时除了多重均衡点的选取问题，更加强调了解经济体实现局部均衡的运行轨迹，这对制定和实施有效的经济政策意义重大。

第三节 现阶段影响中国稳定增长的因素

2010 年中国的人均 GNI 水平达到 4240 美元，这预示着中国已经进入中等偏高收入国家的行列，随之而来的是人们对中国能否跨越“中等收入陷阱”，实现经济持续增长的担忧。本节我们重点考察阻碍中国经济加速增长的一些影响因素，并且做出初步的判断，我们主要基于结构性因素、环境与收入分配因素、官员腐败因素三个方面进行分析。在研究结构性因素时，我们主要分析产业结构和人口结构情况对中国经济加速增长的影响；在研究环境与收入分配因素时，我们主要考察收入不均等、环境状况以及老龄化问题对经济加速增长的影响；同时我们也考察腐败问题对中国经济加速增长的影响。

一、结构性因素与经济增长

（一）产业结构

发达国家产业结构演变的历史经验对分析我国产业结构对经济增长的影响可以提供一些感性认知。Mitchell（2007）的历史统计数据显示，20世纪50年代，发达国家第一产业增加值占比为10%左右，而其他国家普遍位于30%的水平。之后，伴随着城市化进程的加速，现代产业部门吸收了大量劳动力，尤其是服务业部门。至20世纪70年代，除了个别国家（如西班牙1970年的第一产业就业份额为29%）以外，多数发达国家第一产业就业份额均降低到10%左右。不仅如此，“库兹涅茨规律”在第二产业和第三产业的就业情况中也得到明显体现，第二产业的就业占比持续减少，连同从第一产业中释放出的全部劳动力，均被发展迅速的第三产业吸收。当前，发达国家的产业结构已基本趋于成熟，第二产业就业份额占20%~30%，第三产业就业占比一般在70%左右。不同产业就业情况的变化也间接体现了产业的发展和结构调整状况。袁富华（2012）指出，20世纪50年代前后第二、第三产业就业结构发生了逆转，而这种逆转对于理解长期增长路径至关重要。

当前中国产业结构与相似发展时期发达国家的对比如表3-1所示。表3-1是在袁富华（2012）2008年中国产业结构数据的基础上，将产业结构数据更新至2013年，以便于中国自身产业结构比较以及与其他发达国家相似时期进行比较。由表3-1可以看出，中国与其他国家同期发展情况相比而言，不论是第三产业占GDP的比重，还是第三产业的就业份额均有待提高；不同产业占GDP的比重中，第二产业占比稍微偏高，而就业份额中，第一产业与其他国家相比相对偏高。但中国自身的产业结构调整处在不断的优化过程中。第一产业和第二产业占GDP的份额不断下降，第三产业占比从2008年的40%上升到2013年的46.9%；不同产业的就业份额中，第一产业从40%下降到了31%，第二产业就业份额略有上升，第三产业就业份额从2008年的33%上升至2013年的39%。

表 3–1 中国产业结构与相似发展时期发达国家的对比

单位：%

	GDP 份额			就业份额		
	第一产业	第二产业	第三产业	第一产业	第二产业	第三产业
美国（1925 年）	11	26	63	24	33	43
加拿大（1941 年）	13	34	53	27	30	43
日本（1966 年）	9	44	47	26	32	42
中国（2008 年）	11	49	40	40	27	33
中国（2013 年）	9.4	43.7	46.9	31	30	39

注：1925 年美国 GDP 份额数据用 1919~1929 年的平均值代替，就业份额数据为 1920~1930 年的平均值；1966 年日本 GDP 份额和就业份额数据分别通过计算 1960~1970 年的平均值而得。

资料来源：Mitchell（1998）;《中国统计年鉴》以及国家统计局；袁富华:《长期增长过程的“结构性加速”与“结构性减速”：一种解释》,《经济研究》2012 年第 3 期。

我国产业结构的调整是伴随着改革的步伐同步进行的。中国的改革始于农村地区，1978~1985 年实行了农业制度变革，也即家庭联产承包责任制，农村改革的全面铺开极大地刺激了劳动者的积极性和农业产值的增加；而在工业方面，主要是对原先以重工业为主的经济结构进行调整。因此，改革之初，中国的产业结构趋于合理。20 世纪 80 年代中期，改革的重点转向城市。随着 20 世纪 80 年代中后期工业化改革的进行和深入，第一产业部门就业的劳动力份额持续下降，农业剩余劳动力不断向第二产业和第三产业转移。在此期间，个体私营经济形式的出现在很大程度上推动了第三产业的发展，使产业结构向着更合理的方向调整。20 世纪 90 年代初期，我国确立了以市场经济为主体的制度，这一制度的确立极大地推动了劳动力的流动，同时也为中国工业经济的发展提供了动力。之后，随着 20 世纪 90 年代对外开放程度的加深和外资的增加，实现了我国第三产业发展的另一个高峰。我国加入 WTO 之后，以低劳动力成本的优势加入世界竞争，低端制造业发展迅速，而第三产业的发展明显减慢。由此可见，改革过程中的制度演进、资本积累以及区域要素流动性增强，极大地促进了要素的自由流动，使不同产业间要素禀赋发生改变，而这种变化不仅可以促进经济的高速增长，而且在某种程度上还起到“熨平”经济周期的作用；另外，我国的服务业起步晚，而且发展缓慢，服务业尤其是生产性服务业所占比重至今仍落后于西方发达国家，这种状况不仅不能为经济增长产生很强的能动作用，反而阻碍了经济增长。

关于产业结构的文献中，学者一般使用“多国模型”（Chenery et al., 1989）和“偏离—份额法”（Shift-Share Method）研究产业结构对经济增长的贡献。“多国模型”中衡量的产业结构指标现实中很难度量，同时由于回归分析中不能对控制变量的选取进行清晰的界定，因此容易造成遗漏重要变量的问题，使结论不够准确。“偏离—份额法”虽然能有效地分析结构问题，但容易造成结构效率被低估，不能很好地分析产业结构的变化（吕铁，2002）。还有学者整合了以上两种模型并加以改进，干春晖等（2011）将产业结构变化进一步分解为合理化和高级化两个层面，并将产业结构对经济增长和波动的影响纳入统一的分析框架下进行分析，克服了因控制的变量选取不当带来的分析误差问题。

对于产业结构如何影响经济增长的问题，学者并没有达成一致的结论。有些学者认为产业结构的调整能促进经济增长（Fan，2003；刘伟和张辉，2008；干春晖和郑若谷，2009）。Fan（2003）的研究表明，中国的产业结构调整促进了不同区域和部门的要素自由流动，生产要素会从低生产率部门或地区向高生产率的部门或地区流动，从而实现整体经济效率的提高。刘伟和张辉（2008）将产业结构从要素生产率中抽离出来，实证分析了产业结构变迁对中国经济增长的贡献。研究结果表明，改革开放以来，中国产业结构变迁显著促进了经济增长，但是伴随着市场化程度的不断加深，产业结构变迁对经济增长的贡献份额呈现下降的趋势。另外一些学者的研究却发现产业结构调整带来的“结构红利”对经济增长的贡献并不显著。李小平和卢现祥（2007）通过对中国制造业数据的分析，得出了产业结构对经济增长贡献并不显著的结论。

与此同时，更多的学者开始强调研究产业结构对经济波动影响的重要性。国外学者多数从产业结构层面研究经济周期问题，基本对这一问题达成共识，即在西方国家工业化发展时期，以物质资本为主的工业经济占据主导地位，强调国家的资源禀赋和物质资本配置效率，因此产业结构变动与一国经济周期有很强的协动性，产业结构是影响经济周期变动的重要因素（Kuznets，1971；Stockman，1988；Imbs，2003）；而到了信息化时代，以第三产业为主的软化产业结构则着重强调的是人力资本、信息技术和知识资本等的作用，产业的波动性较小，此时的产业结构是“熨平”经济周期的重要力量（Blanchard and Simon，2001；Kahn et al.，2002；Eggers and Ioannides，2006）。国内关于产业结构对经济波动影响的研究较少。孙广生（2006）研究了不同产业与经济波动的关联性，指出与经济波动相关性最强的为第二产业，其次是第三产业，第一产业与经济波动的关联性最弱。

（二）人口年龄结构

在经济发展过程中，人口因素一直受到学者很大关注（Simon，1986）。以往的研究多数集中于人口规模和人口质量上，而忽略了人口年龄结构对经济增长的影响（Bloom et al.，1998）。处于不同年龄的人口，其经济行为有很大的差别，如劳动年龄人口生产性强，储蓄率高，如果一个国家劳动年龄人口比重较高，恰好位于人口年龄结构最富生产性的阶段，那么就会获得由人口生产性带来的额外的经济增长，也即会获得“人口红利”，因此人口年龄结构的变化会对经济发展产生很大的影响。很多学者的研究证实了这种人口红利对经济增长的促进作用（Wang & Mason，2005；Cook，2006）。Wang 和 Mason（2005）通过研究中国的人口结构转变和人口红利，证实了中国的人口结构转变加速了经济增长。王德文等（2004）以及 Cai 等（2005）的研究指出，我国享受人口红利始于 20 世纪 60 年代中期，并会一直持续到 2015 年左右。Cook（2006）的研究基于对亚洲国家经济增长的考察，指出尤其是中国和越南的高速经济增长与由农业转向以城市化为基础的工业的经济结构转变和有利的人口年龄结构转变密切相关。Nicoletta 等（2006）通过动态一般均衡模型研究了人口年龄结构转变对部分发展中国家的经济意义，指出这些国家会在老龄化来临之前享有人口红利带来的快速增长效应。王丰等（2006）估算出我国人口红利对经济增长的贡献率约为 15%。

二、环境、收入分配与经济增长

（一）环境对经济增长的影响主要有两个层面因素：环境质量和资源利用

环境对经济增长的作用机制可以从以下三个方面进行阐释：首先，从供给方面考虑，自然资源作为生产的重要投入要素之一，其不合理的开发利用导致的资源耗竭会阻碍经济长期持续增长。此类研究（Lopez，1994；Bovenberg & Smulders，1996）就是将资源作为生产函数中的投入要素，考察生产中资源投入受限的最优增长问题。其次，将对良好环境质量的需求纳入消费者的效用函数中，考察环境质量如何影响居民收入，进而影响经济增长。此类研究基本遵循 Ramsey-Cass-Koopmans 的分析框架。最后，将二者结合起来，同时考察资源使用和环境污染对产出和消费的影响（Tahvonen & Kuuluvainen，1993；Selden & Song，1994；Stokey，1998）。研究结论基本一致，即发现环境和收入呈现“库兹涅茨倒 U 型”的关系。

（二）老龄化

Lee 和 Mason（2006）认为人口老龄化会带来经济发展的“二次人口红利”。其理论指出，当一个社会进入老龄化阶段的最初一段时间，劳动年龄人口会出于即将退休考虑而增加自己的储蓄动机，此时整个社会的储蓄增加而社会有效劳动力数量下降，劳均生产资本数量增加，单位资本收入实现持续、快速提高，有效地推动经济增长。国内一些学者的研究支持了上述观点，如尹银和周俊山（2012）通过使用 1990~2007 年我国省级面板数据，实证研究发现，老年人口抚养比的增加促进了经济增长，也即产生了人口的“二次红利”。但另外一些学者对这一观点持否定态度，认为即将退休人群的储蓄动机带来的储蓄增加对经济增长的促进作用并不能构成与“人口红利”相媲美的“第二次人口红利”（蔡昉，2009）。老龄人口抚养比的持续上升会带来代际分配问题，对未来经济增长将产生累积性负向冲击，因此老龄化将持续阻碍经济增长速度的提高。

（三）收入不均等

收入差距和经济增长的关系问题一直是经济学研究的热点，相关文献研究并没有得出一致的结论。一些学者认为收入差距扩大会阻碍经济增长，理论层面的阐释主要从以下四个方面进行：①当出现收入差距扩大时，信贷市场的不完善使低收入群体面临信贷约束，导致其物质资本和人力资本的积累减少（Gabor & Zeira，1993；Aghion et al.，1999；Fishman & Simhon，2002）；②收入差距的扩大会促使政府通过增加税收进行收入的再分配以维护社会稳定，而征税不利于激励增长（Alesina & Rodrik，1994；Persson & Tabellini，1994；Benabou，1996）；③收入差距的扩大会导致社会动荡，投资环境恶化，居民会投入更多的资源用于保护财产，使具有生产性的资本积累减少（Benhabib & Rustichini，1996）；④收入差距扩大会使低收入家庭比例升高，而低收入家庭生育率高而人力资本积累少的特征拉低了整个社会的人力资本水平，阻碍经济增长（David & Doepke，2004）。另外一些学者的研究表明收入差距的扩大可能会有利于经济增长（Li & Zou，1998）。Li 和 Zou（1998）指出，收入均等化会使中间投票人通过收入再分配获得更多的收入，因此人们为了获得等值的消费私有物品和公共品的边际效用，支持增加税收，将税收更大的份额用于公共品消费，而这些不利于经济增长。反之，收入差距的扩大导致中间投票人收入下降，人们会支持降低税收，减少公共品的消费，从而带来经济增长。

针对世界各国经济发展现状的分析，我们发现，部分东亚国家的持续经济增长往往伴随着收入分配的相对公平；而与南美国家增长停滞并存的是不断扩大的收入差距。就此一些学者展开研究，认为收入差距与经济增长的关系与经济所处的不同发展阶段密切相关（Galor & Moav，2002；Barro，1997，2000）。Galor 和 Moav（2002）的研究表明，经济处于早期发展阶段时，物质资本回报率高，物质资本积累是拉动经济增长的主要动力，收入差距的扩大使得物质资本积累加速，从而促进经济增长。但当经济发展到更高阶段时，人力资本成为推动经济增长的关键要素，而收入差距的扩大会使低收入群体由于自身信贷约束减少对人力资本的投资，阻碍经济增长。同时，Barro（1997，2000）研究指出，由于资本积累的边际报酬递减的属性导致的条件收敛，使当潜在产出量一定时，增长率与实际产出负相关；当实际产出量一定时，增长率和潜在产出正相关。收入差距即通过影响生产要素改变潜在产出，进而对增长率和人均产出产生影响。

实证方面的文献也就收入差距对经济增长的影响进行梳理，一些研究支持收入差距扩大会阻碍经济增长的观点（Perotti，1996；Frank，2005），与之结论相悖的研究包括 Patridge（1997）。与此同时，一些研究指出，收入差距对经济增长的影响会因国家发展阶段的不同而存在差异。Barro（2000）通过实证分析发现，富国存在收入差距时会促进经济增长，而穷国面临的收入差距对增长是不利的。不同研究使用样本数据时间长短的差异也会对结论产生影响。Forbes（2000）通过对中短期（不超过五年）样本数据分析发现，收入差距扩大会促进经济增长。但 Panizza（2002）使用美国 1940~1980 年面板数据分析得出收入差距阻碍经济增长的结论。Benjamin 等（2004）以中国村庄面板数据分析发现，没有证据表明收入差距对经济增长是不利的，但长期而言，二者负相关。同时，不同类型的收入差距也会得出不同的结论。Ghosh 和 Pal（2004）使用印度国家面板数据，发现城市收入差距会促进经济增长，而农村或城乡收入差距则阻碍经济增长。

我国学者对这一问题的研究也以实证分析为主，结论基本类似。陆铭等（2005）研究发现收入差距会阻碍经济增长。王少平、欧阳志刚（2007）认为改革初期收入差距扩大会促进经济增长，而进入 21 世纪后则变为抑制。尹恒等（2005）研究显示收入差距和经济增长呈现“库兹涅茨倒 U 型”关系。汪同三和蔡跃洲（2006）分别研究了城镇和农村居民收入差距对投资和增长的影响，结论显示城镇居民收入差距扩大使投资重工业所占比重加大，促进增长加速；而农村的收入差距对投资和经济增长的影响不显著。贺大兴和姚洋（2011）指出，公平的社会环境能有效地促进经济增长，而我国收入差距的现状可能会破坏平等的社会结构，使经济增长丧失社会基础。米增渝等（2012）将财政政策引入收入不平等和经济增长的关系研究中，构建了三者间的动态关联理论模型。其研究结果表明，当实行对富人多征税、穷人多补贴的财政政策时，收入差距会缩小，经济加速增长；反之亦然。

三、腐败问题与经济增长

理论上关于腐败和经济增长关系的研究，一般可归纳为促进论、阻碍论和中性论。持腐败会促进经济增长观点的学者主要是从微观角度进行分析，代表模型包括腐败有效论（Leff，1964；Huntington，1968）以及在这一理论基础上进一步发展的排队模型（Lui，1985）和拍卖模型（Becker & Maher，1986）等。其认为腐败可以通过克服官僚主义来提高政府的行政效率，从而促进资源的优化配置。该理论的支持者通常用东南亚国家发展的现实进行佐证，东南亚地区有些国家评估出来的腐败程度很高，但却仍然伴随着较高的 GDP 增长率（程振源，2006）。Barreto（2000）则试图从不对称信息和公共部门自由配置的角度对理论模型进行拓展，并通过实证研究证明了腐败对经济增长有显著的促进作用。阻碍论即认为腐败会对经济发展产生负面影响，对政府政策造成扭曲，使资源配置不合理，资源会由生产领域大量转移到非生产领域（Bhagwati，1982）；同时资源配置的不合理也包括人力资本的次优配置（Tanzi，1998），即企业中有才能的个人会专注于寻租活动而非生产活动本身，不利于企业的创新。另外，腐败的目标是要获得递增的回报，增加了经济增长的成本，严重阻碍了私人部门的发展，使穷人利益受到损害（Murphy et al.，1993）。还有些学者对这一问题持中立态度（Braguinsky，1996；Lui，1996）。Braguinsky（1996）认为腐败在竞争的环境中有可能促进增长，但当面临的是集权环境时，必然会造成经济发展停滞。

实证分析的结论几乎都表明腐败对经济增长的影响是不利的。对这一结论的阐释主要有以下几个方面：首先，腐败会导致资源配置的扭曲，造成资源浪费和收入差距的扩大（Tanzi，1998；Tanzi & Davoodi，2000）；其次，腐败会使交易成本增加，从而降低了投资率水平（Shleifer & Vishny，1993；Bardhan，1997），其中包括外商投资（Wei，2001；Habib & Zurawicki，2002）。还有一些研究并没有就腐败和经济增长的关系得出一致的结论，认为这两者并不存在统计上的显著关系，腐败是促进还是抑制经济增长会因样地域差异或发展程度不同而呈现不同的结论（Pellegrini & Gerlagh，2004）。如 Rock 和 Bonnett（2004）对东亚国家的分析，表明腐败对经济增长有促进作用，但样本变为拉美国家、印度、菲律宾或非洲国家时，腐败对经济增长的影响又变为不利的；Mironov（2005）用 1996~2004 年世界 141 个国家的数据样本进行分析，腐败对增长有促进作用的结论在制度不完善的国家样本分析中得以体现，对发达国家的分析得出腐败抑制增长的结论。

国内学者对二者关系的研究也是以实证分析为主。陈刚、李树和尹希果（2008）对我国 1998~2006 年各省份数据分析发现，腐败虽然会显著阻碍经济增长，但也能明显改善我国经济效率。其测算出当腐败增加 1%时，增长速度会下降 0.4%~0.6%，同时技术效率改善率会增加 3.9%~4.1%。宋艳伟（2009）运用我国 1998~2006 年省级面板数据分析了腐败跟民营经济发展的关系，其研究表明腐败程度的加深会通过减少政府干预和掠夺，显著促进民营经济的发展。阚大学和罗良文（2010）研究样本为 1999~2008 年跨国面板数据，结论表明，当样本只包括发达国家时，腐败会抑制经济增长；而对于发展中国家，则呈现出倒“U”型的关系。同时指出中国目前处于倒“U”型的后半段上，即腐败不利于我国经济增长。李国璋、陈宏伟和郭鹏（2010）使用我国1980~2008年数据研究了增长和腐败的关系，结论显示中国经济增长和腐败之间表现为库兹涅茨曲线效应，即改革开放初期，我国腐败程度较低，随着经济增长水平的提高，腐败程度也逐渐提高，并在达到某个高度的时候逐渐下降。

第四章　中国长期经济增长趋势：基于增长加速或减缓的考察

第一节　问题的提出

经过多年的快速增长，中国经济面临高速增长常态到中高速增长“新常态”（New Normal）的阶段性转变。张平（2015）将“新常态”界定为“反常的现实正逐步变为常态”。中国 1960 年以来增长率水平如图 4-1 所示，2001~2012 年中国经济年均增长率为 10.1%，而 2015 年和 2016 年中国经济年均增长率分别为 6.9%和 6.7%，2017 年 GDP 增长率为 6.9%。2011 年以来，中国经济增速告别“两位数”的增长，2011 年第三季度和

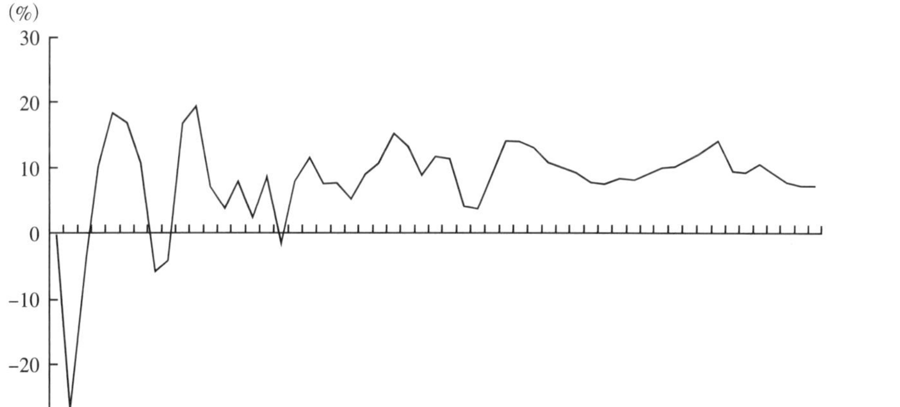

图 4-1　1960~2014 年中国经济增长率水平

第四季度 GDP 增长率分别为 9.7%和 9.5%，2012 年第一季度降至 8%，随后各个阶段均在 7%~8%的水平上增长。

与此同时，经过经济运行体制转轨的深化期、长时间高速增长后的调整期和由全面短缺到阶段性买方市场的转变期之后，中国经济增长波动幅度逐渐趋于稳定。图 4-1 显示，从中长期来看我国经济增长经历了大幅度波动并逐渐走向平滑的过程，特别是自 1995 年之后，我国经济增长波动幅度很小，并趋于稳定，也即趋于“常态”发展阶段。中国当前的减速调整正是不同于传统高增长的“新常态”过渡时期，这个过渡时期需要一定的时间，同时具有强烈的政策性和结构性调整的特点（张平，2015）。

改革开放以来，中国实现了 30 多年经济增速维持在 9%以上的水平，中国持续的高速增长吸引了全世界的广泛关注。但同时也应看到，一些因素已经严重阻碍了中国经济的加速增长，成为引致中国落入“中等收入陷阱”的潜在推力。中国经济能否实现持续增长对世界经济发展也有着重要的现实意义。首先，中国人口占到世界总人口的 1/5，中国经济能否实现在中等收入阶段的平稳过渡关系到世界多数人口的福利问题；其次，经济快速增长的中国也被视为全球经济增长的动力。2008 年发生的经济危机，使作为“全球引擎”的发达国家暴露出很多严重的问题，如不断增加的公共债务和令人困扰的金融体系等，而中国比预想中更快地从这次经济危机中恢复，并积极地筹备使中国实现中长期的持续增长。同时，中国强劲的市场需求不仅能带动德国、日本等发达经济体积极输出资本品，而且能带动广大发展中国家的商品输出。同时，随着金砖国家银行、亚投行、丝路基金及跨国机构的成立与运行，中国与东南亚、中亚、西亚、拉美以及欧洲许多国家的经济联系将不断加强，中国经济实现稳定增长也会对全球经济恢复发展起到重要作用。

作为世界第二大经济体的中国，已经成为经济危机后推动世界经济回暖的主要引擎，中国经济能否实现高速、持续增长等相关问题已经成为全球关注的焦点。本章研究的目的在于探究哪些因素会影响中国经济的加速增长，从而为中国实现长期经济稳定增长提供实证依据和数据参考。

第二节　中国经济阶段性增长特征事实描述

新中国成立以来中国经历了四个重要的经济变迁阶段：

（1）第一阶段：1949~1978 年。1949 年中国新政权的建立具有划时代的历史意义，这主要体现在：首先，社会政治秩序得以改变；其次，经济增长速度迅速加快；最后，中国的地缘政治地位得以明显改善。1952~1978 年，中国经济出现了明显的加速，经济结构的显著改变使得 GDP 增长了三倍，人均收入提高了 80%。尽管如此，中国经济并没有沿着稳定持续的路径增长，经济增长变动频繁。其根本原因如下：第一，大规模的政治运动对经济发展产生了严重的冲击。与此同时，中国还经历了朝鲜战争、中苏关系破裂等强烈的外部冲击。第二，生产规模过于庞大，而生产规模的随意更改使经济增长不稳定。比如，1957 年中国拥有家庭农场 1.3 亿户，而到 1958 年这些家庭则被重新改造成 26000 个人民公社，平均每个公社要容纳 6700 人。如此庞大的生产规模对经济增长带来灾难性的后果。与此同时，生产规模在工业和服务业发展中同样也强调大型化。除此之外，政府政策也在随意更改生产规模，这又使经济增长失去稳定的内部环境。第三，中国经济增长的市场力量极其微弱，政府对资源的配置主要通过各种指令和规定进行操作，结果就是企业拥有庞大的存货却忽视了消费者的福利，与此相伴随的就是生产率低下和经济增长不稳定。

（2）第二阶段：1978~2003 年。由于改革时期的成功政策，比如，土地使用权和经营权转向农民、发展小规模工业、实施对外开放等政策，中国人均收入在 1978~2003 年实现了每年以 6.6%的平均速度增长，比欧美国家平均 1.8%的增长速度高出 4.8 个百分点。中国人均 GDP 占世界平均水平的比重从 22%上升至 74%，占世界 GDP 的份额也从 5%上升至 15%，中国成为世界上仅次于美国的第二大经济体。在此阶段，中国经济也呈现出不稳定的增长态势。就 1978~2003 年整个期间而言，中国经济增长的不稳定主要表现在引致经济快速增长的同时，阻碍经济增长的因素众多。第一，存在大量的低效率国有企业，并且大部分国有企业是亏损的，这些国有企业完全依靠政府补贴和向国有银行贷款并拖欠才得以运营。第二，改革初期脆弱的金融体系。尽管改革初期出现了居民储蓄的爆炸式增长和经济的迅速货币化，但是该时期的金融体系是不稳定的，并且存在大规模的不良贷款。第三，改革初期虚弱的财政地位。1978~1995 年，政府的税收由占 GDP 的 31%降到了 10%。同时，对地方政府提供的各种各样的税收优惠以及国有企业收入的大幅度下降进一步影响了纳税基础。这种虚弱的财政地位严重影响了社会保障、公共和教育设施的建设。除此之外，能源与环境问题、法律制度和私人产权问题以及地区间和城乡收入差距问题都是影响经济不稳定增长的因素。

（3）第三阶段：2003~2011 年的稳定高速增长时期。① 2003~2011 年，中国经济处于稳态高速增长阶段，此期间经济增长率稳定在 10%左右。伴随着党的十六大的召开，在科学发展观的引领下，我国转变经济发展方式的步伐不断向前迈进，成功实现了经济发展由“快字当头”向“好字优先”的有序转化。与此同时，经济结构的战略性调整一直被作为转变经济发展方式的主攻方向，强调要在发展中促成转变、在转变中谋求发展，大力推动经济结构调整，进一步增强中国经济发展的全面性、协调性和可持续性。主要归纳为如下几个方面：第一，强调要扩大国内需求，通过拉动国内、国外需求以增强经济增长的协调性；第二，积极推进节能减排和生态建设，增强了经济发展的可持续性；第三，强调科技创新，使创新对经济增长的支撑作用逐步显现；第四，完善、落实区域发展政策，使区域发展呈现出良性互动的态势；第五，注重改善民生，社会发展呈现和谐稳定的新气象。

（4）第四阶段：2011 年之后逐步过渡至经济“新常态”时期，当前正迈入发展的新时代。2003~2012 年中国经济年均增长率为 10.1%，而 2013 年和 2014 年中国经济年均增长率均为 7.4%。2015~2017 年中国年均增长率分别为 6.9%、6.7%和 6.9%。根据中国经济增长前沿课题组预测，2018 年中国 GDP 增长率为 6.8%，未来五年预期增长率介于 6.4%~7.8%；国务院发展研究中心“中长期增长”课题组预测未来 10 年平均增长速度为 6.5%左右。2017 年 11 月召开的党的第十九次全国代表大会中首次提出，中国经济已由“高速增长阶段”转向“高质量发展阶段”，这意味着政府

① 以表 4-1 为依据将 2003 年作为增长阶段的分界点。

对增速回落的容忍度在不断提高。中国改革开放 40 年经济已进入到中等偏高收入阶段，预计到 2025 年左右迈进高收入国家行列。中国经济的增长模式也由“后发赶超”模式迈向中高端协调发展模式。同时，值得强调的是，习近平总书记对中国未来 30 年的规划目标：2020~2035 年，中国将“基本实现社会主义现代化”；2035~2050 年，中国将“建成富强民主文明和谐美丽的社会主义现代化强国”。

第三节　中国经济增长阶段性特征的实证分析：基于增长加速或减缓的界定与考察

一、经济增长加速和减缓界定

我们借鉴 Hausmann 等（2005）以及 Eichengreen 等（2011）关于增长加速（Growth Acceleration）和增长减缓（Growth Slowdown）的界定，同时考虑我们重点关注中国以及各省份的经济波动情况，放宽对人均 GDP 的约束，界定增长减缓和增长加速的时间点分别需要满足以下两个条件：

$$g_{t-n,t} \geqslant 3.5\% \tag{4.1}$$

$$\Delta g = g_{t-n,t} - g_{t,t+n} \geqslant 2\% \tag{4.2}$$

其中，g_t 为依据 2005 年不变价格测算的 GDP 年均增长率，$g_{t-n,t}$ 和 $g_{t,t+n}$ 分别表示 $t-n$ 到 t 以及 t 到 $t+n$ 时间段 n 年间 GDP 年均增长率的平均值；借鉴 Hausmann 等（2005）以及 Eichengreen 等（2011）的经验研究，我们取 $n=7$。第一个条件（式（4.1））要求增长减缓之前的 7 年平均增长率不低于 3.5%；第二个条件（式（4.2））要求增长减缓下降的幅度要不低于 2%。

同理，筛选出的增长加速的时间点必须满足：

$$g_{t,t+n} \geqslant 3.5\% \tag{4.3}$$

$$\Delta g = g_{t,t+n} - g_{t-n,t} \geqslant 2\% \tag{4.4}$$

其中，第一个条件（式（4.3））要求增长加速之后的 7 年平均增长率不低于 3.5%；第二个条件（式（4.4））要求增长加速上升的幅度要不低于 2%。其中 GDP 年均增长率数据来源于世界银行 WDI（World Development Indicator）数据库，时间跨度为 1960~2012 年。

根据上述对增长减缓和增长加速的界定，我们对中国 1960~2012 年数据进行筛选，计算结果见表 4-1。

表 4-1　选出增长减缓和加速的时间点

y_t	g_t	$g_{t-n,t}$	$g_{t,t+n}$	$\Delta g = g_{t-n,t} - g_{t,t+n}$	t（年份）
筛选的增长减缓时间点					
144.593	19.4	9.914	6.786	3.128	1970
150.522	7	8.652	5.1	3.552	1971
172.065	8.7	9.429	6.714	2.715	1975
846.871	10	10.743	8.643	2.1	1996
916.205	9.3	11.529	8.643	2.886	1997
978.237	7.8	11.329	8.757	2.572	1998
筛选的增长加速时间点					
117.1499	-5.7	2.048	6.457	-4.409	1967
109.4515	-4.1	5.334	7.6	-2.266	1968
176.954	7.6	5.1	8.557	-3.457	1977
195.031	11.7	5.771	9.643	-3.872	1978
207.072	7.6	6.314	9.9	-3.586	1979
220.442	7.8	6.3	10.071	-3.771	1980
228.953	5.2	6.714	10.614	-3.9	1981
246.136	9.1	6.771	11.486	-4.715	1982
269.049	10.9	8.557	10.771	-2.214	1983
498.832	9.2	8.9	11.529	-2.629	1991
562.727	14.2	9	11.329	-2.329	1992
1307.651	9.1	8.643	11	-2.357	2002
1429.485	10	8.643	11.014	-2.371	2003
1564.543	10.1	8.757	11.071	-2.314	2004

资料来源：世界发展指标（WDI）数据库，时间跨度为 1960~2012 年。

通过对表 4-1 分析发现，1960~2012 年，中国经济增长共有 6 个增长减缓时间点。这 6 个经济增长减缓时间点主要分布在 20 世纪 70 年代（1970 年、1971 年和 1975 年）和 20 世纪 90 年代（1996 年、1997 年和 1998 年）。在此期间中国经济增长共有 14 个增长加速点，其中，分布在 20 世纪 60 年代 2 个（1967 年和 1968 年）；分布在 20 世纪 70 年代 3 个（1977 年、1978 年和 1979 年）；分布在 20 世纪 80 年代 4 个（1980 年、1981 年、1982 年和 1983 年）；分布在 20 世纪 90 年代 2 个（1991 年和 1992 年）；分布在 21 世纪共有 3 个（2002 年、2003 年和 2004 年）。

同时，筛选出中国各省份（不包括港澳台地区，下同）增长加速和增长减缓的时间点，见表 4-2。由表 4-2 可知，中国各个省份的增长加速（或减缓）往往是伴随着其他省份增长减缓（或加速）过程同时发生的，而且多数省份都有连续增长加速和连续增长减速的状况发生。一些省份会在同一时间段经历增长加速或增长减缓，如 1963~1966 年为增长加速较为集中的时间段，1957~1961 年发生增长减缓的省份较多。

以上计算结果表明，第一，1960~2012 年，中国经济增长虽然出现较多增长加速年份，但部分年份也出现连续的经济增长减缓，并且从总体来看，中国的经济增长呈现周期性的波动态势；第二，不管是经济增长加速点，还是经济增长减缓点，基本上是在连续时间段出现的。这些结果内在表明，中国的经济增长呈现出“惯性”特征，也就是说，如果中国的经济增长处于减缓时期，在没有引致中国经济增长其他因素的情况下，很有可能出现连续增长减缓的状况。

二、中国经济加速增长过程区域转移情况

表 4-3 计算出各个省份 1952~2013 年经济增长路径的增长加速拐点频数及其加速过程区域转移情况。由表 4-3 计算结果显示，整体上各个省份经济增长路径上都经历频繁的加速过程，但是，对比而言，在 2003 年之后，我国经济增长加速过程发生区域转移。发达和沿海地区的增长加速期消失，经济增长趋于稳定，但是中西部省份依然处于持续增长加速阶段。

数据显示，近年来中部和西部地区经济增速加快。2007 年，西部地区经济增速首次超过东部地区。次年，中部和西部经济全面加速，均超过东部增长水平。截止到 2013 年底，中部和西部地区经济同比分别增长

表 4-2 计算出中国各省份增长减缓和加速的时间点

区域	省份	经济减缓时间点	经济加速时间点	省份	经济减缓时间点	经济加速时间点
东部地区	北京	1957~1962 年；1970~1971年；1975年；1985年；1987~1988年	1963~1969年；1977年；1981~1983年；1990~1992年	江苏	1968年；1973年；1987~1988年；1995~1998年	1961~1965年；1976~1979年；1984年；1991~1993年；2002~2004年
	天津	1957~1961年；1971~1974年；1985~1988年；1997年	1963~1968年；1976~1980年；1990~1994年；2001~2006年	辽宁	1957~1961年；1971~1974年；1976年；1987~1989年	1962~1969年；1979~1984年；1991~1992年；2000~2005年
	河北	1957~1960年；1969~1971年；1978~1979年；1996~1999年	1962~1966年；1982~1984年；1990~1993年；2002~2003年	上海	1957~1962年；1969~1971年；1985~1986年；1997~1998年	1963~1967年；1976~1977年；1990~1994年
	浙江	1957~1960年；1985~1988年；1995~1998 年	1962~1965年；1968~1969年；1975~1980年；1990~1993年；2001~2002年	山东	1957~1960年；1969年；1985年；1995~1998年	1961~1966年；1975年；1977~1979年；1981~1983年；1989~1992年；2001~2004年
	福建	1957~1961年；1985年；1995~1999年	1962~1966年；1968~1969年；1975~1980年；1989~1992年；2002~2006年	广东	1957~1959年；1967年；1994~1998年	1961~1964年；1971~1972年；1976~1984年；1989~1991年；2001~2003年
	海南	1985~1986年；1993~1997年	1987~1991年；1999~2006年			
中部地区	山西	1957~1961年；1971年；1974年；1985~1988年	1964~1966年；1968~1969年；1976~1981年；1990~1994年；2000~2003年	吉林	1957~1961年；1971年；1974~1975年；1986~1989年；1997年	1965~1966年；1969 年；1977~1983年；1991~1994年；2002~2006年
	江西	1957~1961年；1970~1973年；1986年；1997年	1963~1967年；1975~1979年；1981年；1991~1992年；2000~2005年	河南	1957~1959年；1967~1971年；1985~1988年；1996~1998年	1961~1965年；1976~1980年；1982年；1990~1993年；2002~2005年
	安徽	1957~1960年；1972~1975年；1985~1988年；1996~1999年	1961~1966年；1977~1983年；1990~1994年；2002~2006年	湖南	1957~1960 年；1969~1972 年；1986~1987 年；1997 年；2010~2015 年	1962~1966年；1976~1978年；1991~1993 年；2002~2006年
	黑龙江	1958~1961年；1967~1971年	1962~1966年；1973年；1976~1977年；1993~1994年；2002~2004年	湖北	1957~1961年；1977年；1985~1988年；1996~1998年	1962~1966年；1968~1970年；1976年；1981~1982 年；1990~1993年；2002~2006年

续表

区域	省份	经济减缓时间点	经济加速时间点	省份	经济减缓时间点	经济加速时间点
西部地区	甘肃	1957~1959 年；1967年；1973~1978年；1987~1989年	1961~1965年；1969~1970年；1981~1984年	陕西	1957~1960年；1970~1975年；1987~1990年	1962~1969年；1977~1984年；1994~1995年；2002~2006年
	四川	1957~1959年；1967~1968年；1985~1986年；1996~1997年	1961~1965年；1972~1977年；1990~1992年；2001~2006年	青海	1957~1961年；1974~1976年；1985~1989年	1962年；1964~1969年；1979~1983年；1991~1994年；1999~2003年
	重庆	1957~1960年；1967年；1982年；1985~1986年；1995~1998年	1962~1964年；1969~1970年；1972~1973年；1975~1978年；1989~1992年；2002~2006年	内蒙古	1957~1961年；1967年；1973年；1975年；1985~1988年	1962~1963年；1965年；1969~1970年；1972年；1977~1982年；1991~1994年；1999~2005年
	贵州	1957~1960年；1971~1972年；1982年；1984~1989年	1962~1970年；1974~1979年；2001~2006年	新疆	1957~1963年；1994~1996年	1970年；1972~1978年；1981年；1983年；2001~2003年
	云南	1957~1960年；1973~1974年；1996~1998年	1961~1965年；1968~1969年；1976~1981年；2002~2006年	广西	1957~1961年；1972~1975年；1994~1998年	1964~1970 年；1977~1978 年；1980 年；1988~1992 年；2001~2006 年
	西藏	1961年；1963~1968年；1981~1986年；1998年	1957~1959年；1971~1973年；1975~1980年；1988年；1990~1995年	宁夏	1957~1961年；1971~1976年；1986~1990年	1964~1966年；1968~1969年；1980~1984年；2002年

注：中国各省份 GDP 年均增长率数据来源于各年《中国统计年鉴》，时间跨度为 1960~2012 年。

表 4-3 中国加速过程区域转移情况

计算出加速拐点频数及波动情况					
省份	{加速}；[波动]	省份	{加速}；[波动]	省份	{加速}；[波动]
北京	{14}；[6，4]	安徽	{23}；[6，5]	黑龙江	{22}；[2，1]
上海	{12}；[4，2]	江西	{19}；[5，5]	四川	{20}；[4，4]
江苏	{16}；[7，4]	河南	{19}；[3，3]	贵州	{21}；[7，4]
浙江	{18}；[6，4]	湖北	{22}；[5，5]	云南	{18}；[5，5]
山东	{21}；[6，4]	湖南	{16}；[5，6]	河北	{15}；[5，5]
辽宁	{17}；[5，2]	广东	{20}；[6，3]	陕西	{23}；[7，4]
吉林	{19}；[6，5]	广西	{21}；[3，2]	福建	{22}；[7，3]

加速过程区域转移情况					
省份	2003 年之前加速过程	2003 年之后加速过程	省份	2003 年之前加速过程	2003 年之后加速过程
发达及沿海地区					
北京	14	0	江苏	16	0
上海	12	0	浙江	18	0
广东	20	0		10	2
中西部省份					
辽宁	14	3	湖南	12	4
吉林	15	4	广西	17	4
黑龙江	19	3	重庆	16	4
安徽	19	4	四川	16	4
江西	15	4	贵州	17	4
河南	16	3	云南	14	4
湖北	18	4	陕西	19	4

注：表中数值为加速拐点频数。

9.36%和 10.97%，已经比东部分别高出 0.15 个和 1.73 个百分点。这表明，中国经济加速增长已经从沿海和发达省份向中西部省份转移。这一特征事实的具体原因主要体现在如下几个方面：

第一，区域产业梯度转移是重要动力之源。主要表现在当前阶段加速向中部和西部地区转移的产业主要是以重化工业为主的制造类产业。

随着产业转移的不断进行，产业梯度分布也发生了变化，留在东部地区的产业主要为附加值较高的服务业或轻工类产业，而这类产业的增长速度往往不及工业产业高，从而表现出东部省份增长速度低于中西部省份的增长速度。

第二，随着中西部地区经济增长速度的加快，我国经济增长的重心也在不断发生变化。首先，中西部地区所占 GDP 份额不断提高，并呈现不断递增的趋势。截至 2013 年，中西部地区所占 GDP 份额已高达 46.16%。其次，中西部地区对外资的吸引力不断增强。2010 年中西部地区吸收外资比重由 11.2%上升到 13.7%，到 2013 年，中西部地区吸收外资增速已经超过东部地区。与此同时，赣、湘、川、渝、豫、吉等一批内陆开放高地正在形成，这种内在驱动力进一步引致中西部地区对外资吸引力的加强。当前，境内外资本正加速向中西部地区流动，东部沿海地区的很多产业也加速转移至中西部地区。

第三，资源禀赋的比较优势是中西部经济加速增长的切入点。中西部拥有资源优势以及人力成本低于东部的优势，这些比较优势使中西部省份能够有效地参与国际竞争，内在地推动了经济的快速增长。不仅如此，中西部省份也不断加快人才培养，实现人才供需的有效对接，又推动了经济增长的可持续性。高铁的飞速建设又拉近了中西部省份与东部市场的距离，缩短了城市间的通达时间，改变了城市间的空间结构，进而带动了中西部相关产业的发展。

第四，除西部大开发、中部崛起政策优势外，加速协调发展政策是经济加速增长向内陆省份转移的又一原因。我国区域经济发展格局，从最早的以东部地区为主的“一马当先”式的增长战略，到当前中西部全面加速发展，实现各区域协同并进式的增长战略转变。我国区域收入差距不断缩小，区域协同发展正加速进行。与此同时，在我国“十二五”规划、“十三五”规划都强调经济转型和结构调整的大背景下，加快产业转移，促进区域协调发展以及基本公共服务均等化进程加速，都将给中西部地区实现经济加速增长带来新的机遇。

第四节　阻碍中国经济加速增长之源的实证分析

一、模型说明和变量选取

由于本章实证检验阻碍经济加速增长的决定因素，因此需要选择合适的刻画经济加速增长的变量。对此，Eichengreen 等（2011）在解决这一问题上设置了二元被解释变量，即在经济增长加速的年份取值 1，其他的年份取值为 0。我们可以根据表 4-1 选出增长减缓和加速的时间点的结果设定被解释变量的取值。

由于所研究问题的被解释变量取值为 1 和 0，采用二值响应模型（Probit 模型）可以克服线性概率模型的偏效应问题（Woodridge，2003）。因此，我们也借此方法考察阻碍经济加速增长的决定因素。具体模型为：

$$p(y=1/x)=F(x,\ \beta)=\psi(x'\beta)\equiv\int_{-\infty}^{x'\beta}\phi(t)dt \tag{4.5}$$

其中，$p(y=1/x)$ 为经济加速增长发生的概率，β 为待估计参数，x 为阻碍经济加速增长决定因素的向量指标。通过对式（4.5）进行简单变换，得出以下线性形式：

$$p(y=1/x)=c+\beta_1x_1+\beta_2x_2+\beta_3x_3+\cdots+\beta_nx_n+\varepsilon \tag{4.6}$$

基于如上理论描述，我们主要选择如下指标来实证检验各种阻碍经济加速增长的决定因素：

（1）工业产值结构。由于产业结构变迁对经济增长的影响具有明显的阶段性特征，故我们认为工业产值结构可以作为刻画产业结构变迁阶段性特征的替代变量，工业产值结构用工业产值所占比重来衡量。

（2）人口红利。人口红利通常蕴含两层基本含义：第一，劳动力的数量和比例相对较大；第二，抚养负担相对较轻。考虑到处于劳动年龄段的人口未必都参与生产，而被抚养的人口也有可能会参与劳动（王丰，2006），因此我们用参加工作的劳动人口需要承担的抚养人数来衡量人口红利，即表示为抚养人数与劳动力人数之比。

（3）腐败。由于发展中国家一开始体制不太健全，通过腐败能使资源按私人部门的意愿进行分配提高经济效率。但是，随着市场体制的完善以及政府管制的减少，腐败的负面影响将超过正面影响。因此，腐败对经济加速的影响也具有拐点效应。我们借鉴张德荣（2013）的研究，用国际腐败指南（ICRG）中的腐败指数作为衡量腐败的替代指标。其值由低到高，0 分代表最腐败状态，6 分代表最清廉状态。也就是说，随着腐败指数的上升，国家的腐败程度越来越低。

（4）城乡收入差距。我们用城乡收入差距作为衡量收入差距的替代指标，即用城市居民家庭人均可支配收入与农村居民家庭人均纯收入之比来度量。

（5）环境污染。一国经济发展的初期往往会牺牲掉环境质量而片面追求经济增长，环境质量是随着经济增长的加快而恶化的。当经济发展到一定阶段，居民对健康环境的需求会越来越强，政府改善环境的压力也越来越大，此时政府部门会减少甚至取缔污染严重的企业，将更多的增长成果用于改善环境质量，环境污染就会降低。

（6）人口密度。我们用单位面积人口数量，即人口密度作为居住环境的替代指标。同时，人口密度也可以反映一国人口数量对经济增长的影响。

（7）老龄化程度。老龄化程度用 65 岁及以上人口的数量占总人口数量来表示。

除此之外，我们还选择抚养比、通货膨胀率和出生率等影响经济加速增长的变量作为控制变量引入分析框架中。其中，抚养比用 15 岁以下和 64 岁以上人口数量占劳动人口总数的比值来表示；通货膨胀率用消费价格指数衡量的通胀率来表示；出生率用平均每位妇女生育小孩的个数来表示。本章数据来源于世界银行 WDI 数据库，中华人民共和国统计局，各年的《中国统计年鉴》以及《新中国五十五年统计资料汇编》，时间跨度为 1960~2012 年。以上本章所涉及的变量的统计性描述如表 4-4 所示。

表 4-4 变量的统计描述

定义	样本数	均值	标准差	最小值	最大值
工业产值结构	53	43.33691	4.671933	31.18217	48.22246
人口红利	53	62.89408	6.345007	55.24876	73.50738
城乡收入差距	35	11.96891	6.271543	3.434	21.42208
腐败	27	2.790123	1.139243	1	4.50
出生率	53	3.158774	1.678753	1.51	6.161
抚养比	53	60.57259	15.96367	36.04077	80.99954
人口密度	52	113.3064	23.10679	70.79427	144.808
通货膨胀率	52	3.722186	4.958714	-3.793069	20.60739
贫困差距	16	17.22625	10.09291	2.84	39.26
环境污染	51	2.170546	1.425503	0.5741621	6.194858
老龄化程度	53	8.855371	1.499202	6.549615	11.83543

注：①小数点后保留 2 位有效数值。②贫困差距指标数据来源于世界银行 WDI 数据库，有效年份为 1981 年、1984 年、1987 年、1990 年、1992~1999 年、2002 年、2005 年、2008 年和 2009 年共 16 年数据。城乡收入差距和腐败指标数据跨度分别为 1978~2012 年和 1984~2010 年。

二、实证结果及其分析

首先分析具有拐点效应的变量，如表 4-5 所示，工业产值比重变量、人口红利变量和腐败指数一次项系数显著为正，二次项系数显著为负，这说明这些因素对经济加速增长具有拐点效应，并呈现出倒“U”型关系。具体如下：

表 4-5 考虑拐点值的实证结果

变量	被解释变量：经济加速增长的概率			
	（1）	（2）	（3）	（4）
工业产值比重	0.127** (0.044)			
工业产值比重平方	-0.089** (0.033)			

续表

变量	被解释变量：经济加速增长的概率			
	（1）	（2）	（3）	（4）
人口红利		0.037** （0.013）		
人口红利的平方		-0.011** （0.0005）		
腐败			0.268** （0.105）	
腐败的平方			-0.003** （0.001）	
城乡收入差距				-0.074** （0.039）
城乡收入差距平方				—
常数项	0.932 （0.581）	-1.456 （3.805）	-1.310** （0.463）	0.162 （0.484）
控制时间效应	控制	控制	控制	控制
LR chi^2	8.29	12.67	17.50	3.65
Prob > chi^2	0.0040	0.0130	0.0006	0.0560
Pseudo R^2	0.1973	0.2091	0.2859	0.1915

注："**"表示5%的置信水平，括号中的数值为稳健标准差。

第一，对于工业产值比重来说，随着工业产值所占比重逐渐提高，中国经济增速的可能性先增大后减小。这表明产业结构变迁对经济增长的影响具有阶段性特征。因此，应在合理调整产业结构的基础上，有效推进产业结构升级变迁，充分发挥产业转型与升级对经济增长的持续推动作用。

第二，人口红利虽然是造就中国经济奇迹的重要推动力量，但是"刘易斯拐点"已经到来，作为中国经济增长重要资源禀赋的人口红利将不可避免地进入衰减期，这将会在短期内对中国经济增长产生实质性的影响。过去中国经济快速增长很大程度上得益于有利的人口年龄结构。正是由于劳动年龄人口的增长速度快于总人口的增长，才会产生总人口中劳动力数量的相对变化。一方面，随着劳动年龄人口经济负担的不断减轻，减少了国民收入中用于消费支出的比例，增加了整个国家的储蓄水平，从而在较大程度上改变了一个国家的消费和储蓄的分配比例。这是人口红利对经济增长产生影响的重要渠道之一。另一方面，由于劳动力价格较低，廉价的劳动力吸引了外国直接投资的大量流入，从而带动经济增长。但是，以“民工荒”和劳动工资水平的不断提高现象为标志的“刘易斯拐点”的到来，意味着中国人口红利已经进入衰减期，这将会成为影响中国经济加速的一个决定性因素。

而腐败对经济增长产生的先促进后抑制的作用主要体现在，由于刚开始整个国家的体制不太健全，通过腐败可以使资源按私人部门的意愿进行配置，从而提高经济效率。但是，随着我国改革开放的深入，市场体制的不断完善以及政府管制的减少，腐败的负面影响已经超过了正面影响，腐败已经成为阻碍我国经济加速增长的另一个因素。

第三，城乡收入差距对经济加速的影响，一次项显著为负，而二次项系数并不显著。也即，城乡收入差距对经济加速的作用并没有呈现出倒“U”型的变动趋势，随着城乡收入差距的扩大，会显著阻碍经济加速增长。可能的解释是，要素自由流动使收入差距的存在必然会推进劳动、资本甚至技术等从要素报酬低的地区流向要素报酬高的地区，加剧经济发展的不平衡，导致收入差距的进一步扩大，阻碍经济加速。

接下来，我们实证分析不考虑拐点值时的回归结果，如表 4-6 所示。

表 4-6　不考虑拐点值的实证结果

变量	被解释变量：经济加速增长的概率			
	（1）	（2）	（3）	（4）
抚养比	−0.050*** (0.009)	−0.110** (0.062)	−0.081** (0.043)	−0.095** (0.051)
人口密度	−0.0722** (0.039)		−0.053** (0.021)	−0.076** (0.044)
出生率	−0.899 (0.708)			−0.611 (0.799)
通货膨胀率		−0.0865** (0.035)	−0.055* (0.031)	−0.064* (0.041)
贫困差距		0.1945 (0.1341)		
环境污染			−0.857*** (0.223)	−0.721** (0.309)

续表

变量	被解释变量：经济加速增长的概率			
	（1）	（2）	（3）	（4）
老龄化程度	-0.401 (0.312)	-0.684** (0.321)	—	-0.278** (0.155)
常数项	-0.541 (1.774)	-1.456 (3.805)	-1.310** (0.463)	-0.287 (0.275)
控制时间效应	控制	控制	控制	控制
LR chi^2	10.34	12.67	17.50	4.02
Prob > chi^2	0.0057	0.0130	0.0006	0.0448
Pseudo R^2	0.2909	0.2091	0.2859	0.2658

注："***""**""*"分别表示1%、5%和10%的置信水平，括号中的数值为稳健标准差。

表4-6的第（1）列中首先分析了抚养比、人口密度、出生率和老龄化程度对经济加速的影响。结果显示，抚养比和人口密度均会产生负向影响，而不管各列控制变量如何调整，抚养比和人口密度对经济加速的影响始终为负，因此以上实证结论是稳健的；而出生率和老龄化程度也会对经济加速产生负向影响，但是并不显著。如上检验结果表明，老龄化问题以及由此带来的劳动力负担问题已经阻碍了中国的经济加速增长。同时，由于庞大的人口所产生的居住环境恶化也对中国的经济加速增长产生阻碍作用。

表4-6的第（2）列进一步考察通货膨胀率和贫困差距对增长加速的影响，我们发现，通货膨胀率变量系数显著为负值，而贫困差距变量系数为正，但是不显著。这表明近年来中国面临的物价上涨并由此引发的通货膨胀问题也对中国的经济加速增长产生显著的阻碍作用。尽管某些价格上涨（房地产价格）可以带来经济增长，但并不必然引致经济加速增长，在长期可能阻碍经济加速增长。贫困差距变量系数尽管不显著，但是为正值，这表明，国家对贫困人口的转移支付的力度加强使贫困人口的消费支出水平提高，从而在一定程度上有助于经济加速增长。

表4-6的第（3）列分析了环境污染对经济加速的影响。检验结果表明，环境污染变量系数显著为负值，即中国的环境污染问题已经严重地阻碍了中国经济的加速增长。根据以上理论分析表明，环境对经济增长的影

响主要有环境质量和资源利用两个层面因素。20 世纪的中国粗放型的要素投入方式不仅使中国的资源出现制约性瓶颈效应，同时使自然环境恶化，成为中国经济实现可持续增长的阻碍力量。

基于稳健性检验的目的，我们在表 4-6 的第（4）列把所有变量引入模型中进行实证检验，根据检验结果发现，当把所有变量引入模型中时，以上各变量的显著性和符号都与之前保持一致，这说明以上的实证检验结果是稳健的，并且是可信的。

第五节　主要结论和政策建议

经过多年的快速经济增长，中国经济面临高速增长常态到中高速增长"新常态"的阶段性转变。本章借助 Eichengreen 设定经济增长减缓或加速需要满足的条件，通过不断调整约束方程，寻找二次拐点之间经济增长变动所呈现的规律，进而刻画中国经济增长趋势性特征。通过本章的实证研究，得出如下几点主要结论：第一，从中长期经济增长路径分析来看，我国经济增长出现的加速拐点和减缓拐点是频繁的，并且出现过连续的经济增长加速过程和减缓过程，这种加速和减缓的不断交叠使中国经济增长在一段时间内呈现大幅度的波动态势。第二，2003 年后，中国经济增长的加速过程发生区域转移，沿海和发达省份在 2003 年后增长加速过程逐渐消失，经济增长趋于稳定，但是中西部省份加速增长过程依然明显，中西部潜在增长动力将是引致整体经济稳定增长的引擎。

进一步，我们在现有理论文献的基础上，从结构性因素、环境与收入分配因素、官员腐败因素三个方面实证考察了阻碍中国经济加速增长之源，并得出如下主要结论：

第一，中国的产业结构变迁对经济增长的影响具有阶段性特征，就工业产值比重来说，随着工业产值所占的比重逐渐提高，中国经济增速的可能性先增大后减小。这表明，当前应有效推进产业结构升级变迁，充分发挥产业转型与升级对经济增长的持续推动作用。

第二，人口红利尽管是造就中国经济奇迹的重要推动力量，但是"刘易斯拐点"已经到来，作为中国经济增长重要资源禀赋的人口红利将不可避免地进入衰减期，这将会在短期内对中国经济加速增长造成实质性影响。

第三，随着我国改革开放的深入、市场体制的不断完善以及政府管制的减少，腐败的负面影响已经超过了正面影响，腐败已经成为阻碍我国经济加速增长的另一个因素。

除此之外，收入差距、环境问题，包括居住环境、老龄化程度等因素也是阻碍中国经济加速增长的主要因素。

针对本章实证分析所得结论，提出以下几个方面的政策建议：

首先，就产业政策而言，主要是要调整当前不合理的产业结构，积极推进制造业自身产业升级以及向服务业转型，大力发展知识密集型和技术密集型产业。具体而言，各地方政府应根据自身的资源禀赋优势制定适宜的产业调整政策。此外，当前我国劳动密集型制造业转型升级迫在眉睫而又面临高技能劳动力短缺的问题，劳动力结构不能很好地与产业结构相匹配。因此，政府应努力提高教育水平，短期可以通过鼓励在职培训等方式提高劳动者素质，优化劳动力结构。同时，积极推动劳动密集型制造业的发展。

其次，人口结构转变带来的人口红利可以为国家和地区发展提供有利的环境，但这种转变只存在于某一发展阶段，是不可持续的。如果要充分利用人口红利对经济发展带来的好处，政府需要根据人口结构的变化调整相应的政策来延缓人口红利拐点值的到来。具体而言，中央政府应在大力提倡通过发展教育和在职培训促进劳动者技能普遍提高的同时，对人口流出较多的地区给予经济和政策扶持，增加对中西部落后地区的教育、科研投入，避免高技能劳动者的流出，优化当地的人口结构。

再次，促进经济发展方式从资源消耗型逐渐转向资源节约型和环境友好型。中国企业不仅能源消耗量大，而且污染排放严重。传统的“高投入、低效益、高污染”以及“先污染，后治理”的增长模式，虽然短期拉动了经济增长，但是却造成资源浪费和环境污染，对经济的长期持续增长非常不利。因此，应该倡导提高能源的使用效率，大力推动环保经济和绿色经济的发展，用清洁的能源生产出质量更高的产品，同时减少废弃物的排放。当经济发展到一定阶段时，人们也会增加对清洁环境和绿色产品的需求，经济发展的质量将替代经济增长的速度成为整个社会追求的目标，完成向“低投入、高效益、低污染”的集约型发展方式的转变，从而实现经济的可持续发展。

最后，完善市场秩序，建立健全市场经济体系，减少经济活动中的腐败行为。政府需要进一步深化经济体制改革，形成产权明晰的现代企业制度；同时，加快对政府机构的改革，推动政府职能转变，减少阻碍市场发展的行政审批程序，实现市场秩序统一、透明和公开；进一步完善腐败预防、监督机制，将政府行政监督、社会监督和舆论监督有机结合起来，提高腐败发生成本，从根本上杜绝腐败行为的发生。

与此同时，我们在注重经济发展、关注经济效率提高的同时，还要时刻警惕环境污染引发的居住环境恶化等社会问题的发生，其不仅会影响社会稳定，也会对经济加速起到阻碍作用。因此，我们应着力推动资源节约型和环境友好型产业的发展，实现中国经济可持续增长。

第五章　信息社会资本、人力资本积累与匹配：一个稳定经济增长的理论模型

第一节　问题的提出

随着20世纪80年代信息通信技术（ICT）的兴起和21世纪初互联网络的快速发展，由此催生出的“数字经济”推动了我国经济和人民生活的重大变化。当前，伴随着智能手机的产生，智能手机终端产业如火如荼的发展给人们提供了新的生活方式，由此移动互联网络发展成为拉动内需和促进增长的新方向。

20世纪90年代以来，社会资本作为有别于传统的生产要素（如劳动、物质资本、人力资本以及技术水平）引起学者的广泛重视，并纷纷开始考察社会资本对研发创新和经济增长的影响。实证研究方面，学者普遍发现社会资本能通过提高创新水平促进经济增长（Landry et al.，2002；Akcomak & Weel，2009；Laursen et al.，2012）。同时，社会资本也会融入家庭关系和社区组织网络之中，有助于提升家庭和社区成员的认知发展、人力资本积累以及技术创新（Coleman，1988）。Deng等（2012）强调社会资本可以提高人力资本水平和政府效率，从而促进经济增长。理论研究方面，在Lucas（1988）、Romer（1986，1990）以及Jones（1995）干中学理论以及人力资本和创新模型的基础上，Chou（2006）将社会资本纳入内生增长理论的分析框架中，找出社会资本可能影响经济增长的三种途径。首先，社会资本有利于借助家庭和社会交往实现人力资本积累，推动经济增长；其次，社会资本通过促进群体信任和社会规范，加速金融发展，进而

对经济增长产生影响；最后，企业间存在的网络联系和联合行动中产生的社会资本有利于新发明的产生和商业技术创新的扩散，推动经济增长。

国内学者对这一问题也进行了较深入的研究。其中，关于社会资本与研发创新及增长问题的研究，学者普遍发现社会资本能通过推动创新显著促进经济增长。韦影（2007）从企业社会资本的不同维度（即结构维度、关系维度和认知维度）出发，基于企业吸收能力的视角，考察了社会资本影响企业技术创新的内在机制。基于对我国省级面板数据的考察，严成樑（2012）发现社会资本对知识生产有显著的促进作用，可以显著提高创新效率，尤其是对高水平创新的影响力度更大。与此同时，一些学者察觉到社会资本在推动研发创新的过程中，也会与人力资本产生相互影响。比如，王霄等（2005）基于对社会资本和中小企业创新问题的研究指出，企业创新合作过程中以技术网络为特征的社会资本的参与可以促进企业人力资本的深化，从而间接提升企业的自主技术创新能力。通过构建包含社会资本和人力资本的内生经济增长模型，刘长生等（2009）的研究显示，自身人力资本积累比政府公共支出更有利于社会资本的积累；但这一结论存在较大的地区差异性，即对东部地区而言，个体自身的人力资本投资对社会资本积累起主导作用，而西部地区社会资本的积累则主要依靠政府直接干预的行为。基于科研人员个体人力资本和社会资本积累对创新行为影响的研究，顾琴轩等（2009）研究发现，科研人员个体人力资本会对创新行为产生积极、显著的影响，但科研人员个体社会资本对创新行为会产生显著的二次影响作用。同时，科研人员个体社会资本对创新行为的影响程度大于个体人力资本。

国内外相关实证研究虽然较好地论证了人力资本和社会资本对创新和经济增长的作用机制，但基本都是围绕二者对增长的直接或间接影响展开，几乎没有其如何会造成增长陷阱的研究。相对于现有研究而言，本章在 Agenor 和 Canuto（2012）理论框架的基础上，将信息社会资本引入创新的内生增长理论模型中，着重挖掘信息社会资本如何通过促进人力资本积累和引导人力资本在不同部门间的配置来激励创新和推动生产率提高的内在机制，并以此为依据分析产生多个增长均衡点的原因，从而对通过信息社会资本积累促进经济稳定增长的具体实施路径进行阐释。我们借鉴 Temple 和 Johnson（1998）、Ishise 和 Sawada（2009）、严成樑（2012）、邹薇等（2013）的研究，认为信息资源的共享和相互沟通是社会资本不可或缺的核心特征之一。因此，我们着重强调信息社会资本的信息共享和相互沟通的内涵特征，并以此界定信息社会资本为通过一系列方式特别是互联网技术，将人类、社会、经济、环境、文化等各个领域的信息汇集起来，通过筛选、处理和评估等过程，提取有用信息，并将有用信息转化为资本力量。

第二节 稳定增长的基本理论模型

本章在 Romer（1990）、Agenor 和 Canuto（2012）的理论框架下，构建了包含信息社会资本的两期三部门内生增长模型。在本模型中，我们探讨了信息社会资本如何引致人力资本积累以及高能力人力资本进入研发部门，从而促进经济稳定增长的理论机制。一方面，信息社会资本以高能力劳动力为载体，推动研发部门的创新活动；另一方面，借助信息传递和知识共享可以引致人力资本积累以及人力资本在部门间的适宜匹配。我们假设劳动力是存在差异的，即存在两种类型的劳动者，低能力劳动者和高能力劳动者。与 Agenor 和 Canuto（2012）的研究不同，我们设定低能力和高能力劳动者所占比重会随着时间发生变动，假定 t 时期低能力和高能力劳动者所占比重分别为 ε_t 和 $1-\varepsilon_t$。所有类型的劳动者都可以胜任最终产品部门的工作，而能够进入研发部门的劳动者必须是初始接受过 $1-\delta$ 时长教育的高能力劳动者，因此 δ 即为进入研发部门工作的高能力劳动者一生的工作时间。同时，假设进入研发部门工作的高能力劳动者的比例为 μ_t，总人数为 $\bar{L}$，则进入最终产品部门和研发部门工作的所有劳动者人数 L_t^Y 和 L_t^R 分别为：

$$L_t^Y=[\varepsilon_t+(1-\varepsilon_t)(1-\mu_t)]\bar{L};\quad L_t^R=(1-\varepsilon_t)\mu_t\bar{L} \tag{5.1}$$

1. 最终产品部门

最终产品部门是由众多竞争性企业组成的，即最终产品市场是完全竞争的。最终产品部门第 i 个企业通过雇佣劳动力 L_{it}^Y，私人资本 K_{it}^P 和一系列 s 种类的中间产品 x_{st}^i 进行生产，假定 $s\in[0,M_t]$，因此 M_t 表示中间品的种类数。同时，在我们的产出函数设定中，还考虑了总资本存量和总就业人数增加对单个企业所产出的拥挤效应，即市场中企业数量的增加对整个社会公共资源的挤占，从而对单个企业的产出具有负效应。则最终产品部门第 i 企业产出函数形式为：

$$Y_{it} = \frac{1}{(K_t^P)^{c_K}(L_t^Y)^{c_N}}(K_{it}^P)^{\alpha}(L_{it}^Y)^{\beta}\int_0^{M_t}(x_{st}^i)^{\gamma}ds \tag{5.2}$$

其中，α，β，γ∈(0，1)，分别表示私人资本、劳动和中间品投入的产出弹性。c_K，$c_N>0$。如果假定众多竞争性企业个数 i∈(0，1)，则 $K_t^P=\int_0^1 K_{it}^P di$ 和 $L_t^Y=\int_0^1 L_{it}^Y di$ 分别表示最终产品部门总的资本存量和劳动就业人数。借用产品种类扩展隐喻（Metaphor of Product Variables）来刻画技术的内生进步，因此可以用中间品的种类数 M_t 表示经济中的技术存量（Acemoglu，2009）。假设最终产品价格标准化为 1，则最终产品部门通过选择劳动、资本和中间品数量以最大化其利润：

$$\max:\ \Pi_{it}^Y = Y_{it} - \int_0^{M_t} p_{st}x_{st}^i ds - w_t^Y L_{it}^Y - r_t K_{it}^P \tag{5.3}$$

其中，p_{st} 表示第 s 种中间品的价格，w_t^Y 为最终品部门劳动者的工资，r_t 为私人资本价格。求解式（5.3）最大化一阶条件可以得出投入到最终产品部门第 i 个企业的要素价格和第 s 种中间品投入量：

$$r_t = \frac{\alpha Y_{it}}{K_{it}^P},\ w_t^Y = \frac{\beta Y_{it}}{L_{it}^Y},\ x_{st}^i = [\frac{\gamma Z_t^i}{p_{st}}]^{1/(1-\gamma)} \tag{5.4}$$

其中，$Z_t^i = Y_{it}/\int_0^{M_t}(x_{st}^i)^{\gamma}ds$。假设每种中间投入品都是同质的，即 $x_{st}^i = x_t^i$，因此每个企业生产一单位最终产品所需中间产品的种类和数量均一致。进一步令 $m_t = M_t/K_t^P$ 表示研发存量与私人资本的比值，由如上一阶条件我们可以得到完全同质的第 s 种中间品总投入量和最终产品部门的最优总产出：

$$x_{st} = \int_0^1 x_{st}^i ds = [\frac{\gamma Z_t}{p_{st}}]^{1/(1-\gamma)},\ Y_t = (K_t^P)^{1-\alpha-c_K} m_t (L_t^Y)^{\beta-c_N} x_{st}^{\gamma} \tag{5.5}$$

其中，$Z_t = Z_t^i = Y_t/(M_t x_{st}^{\gamma})$。

2. 中间产品部门

每种中间品只有一家企业通过向研发部门购买该中间品专利后进行生产，也即中间产品生产部门是垄断竞争的。假设生产一单位中间品需要消耗一单位最终产品，则其生产的边际成本为 1，中间产品部门的最优决策行为：

$$\max: \prod_Z = (p_{st} - 1)x_{st} \tag{5.6}$$

结合式（5.5），求解式（5.6）最大化一阶条件得 $p_{st} = 1/\gamma$。进一步，将 p_{st} 关系式和 Z_t 关系式代入 x_{st} 关系式中得到第 s 种中间品总投入量关系式 $x_{st} = \gamma^2 Y_t/M_t$，进而可以得到中间品部门的最大化利润为 $\prod_Z = (\gamma - \gamma^2)Y_t/M_t$。假设中间品生产厂商持有专利的时间仅维持一期，下一期会通过拍卖的方式转让给其他厂商。因此，某种中间品的生产厂商仅在拥有专利的当期会获得垄断利润，这也意味着其购买专利的成本不能超过其会获得的垄断利润，则由套利条件可以知道专利的价格为：

$$p_t^R = \prod_Z = (\gamma - \gamma^2)Y_t/M_t \tag{5.7}$$

进一步将 $x_{st} = \gamma^2 Y_t/M_t$ 代入式（5.5），得最终产品产出表达式为：

$$Y_t = \gamma^{2\gamma/(1-\gamma)} m_t (L_t^Y)^{(\beta - c_N)/(1-\gamma)} (K_t^P)^{1+(\alpha - c_K)/(1-\gamma)} \tag{5.8}$$

3. 研发部门

研发部门通过发明新的专利，来服务于新中间品的生产。借鉴 Romer（1990）关于研发函数的设定，研发产出取决于愿意进入研发部门的高能力劳动者的数量 L_t^R 和经济中的研发存量 M_t。同时，在 Romer（1990）的基础上，进一步考虑研发存量对知识生产的积累效应和干中学效应，将 M_t 对研发增量的贡献设定为 $M_t^{\varphi+1}$。最后，根据 Akcomak 和 Weel（2009）关于社会资本会对研发产生促进作用的思想，引入信息社会资本 K_t^S 进入研发产出函数，并且我们假定在研发函数中私人资本只具有竞争性特征。则研发产出函数设定为：

$$M_{t+1} - M_t = \frac{1}{(K_t^P)^{c_M}} (K_t^S)^{c_S} M_t^{\varphi+1} \cdot \delta L_t^R \tag{5.9}$$

其中，c_M，$c_S > 0$，$\varphi \geqslant 0$。δL_t^R 表示进入研发部门劳动者的工作总时长；信息社会资本 K_t^S 对研发增量的贡献率为 c_S。Akcomak 和 Weel（2009）关于社会资本会促进创新的思想，主要通过信任程度实现，其认为信任会对创新产生促进作用，而社会资本能很大程度地提高彼此的信任。因此，我们在此基础上，主要从 Ishise 和 Sawada（2009）、严成樑（2012）强调的社会资本的信息获取和沟通功能的角度来界定信息社会资本。其影响研发产出的作用机制为：一方面，信息社会资本可以使研发部门的劳动者更便捷地获取和搜集信息，更及时地了解前沿动态，促进创新活动的发展；研发成果还可以信息社会资本为载体，得到更广泛的传播，推动创新的应用和发展，激励下一轮创新成果的产生。另一方面，信息社会资本具有外部性特征，借助信息传递和知识共享可以引致人力资本积累。同时，信息社会资本还可以引致人力资本在部门间适度匹配，促使高人力资本匹配到研发部门。当研发部门劳动力工资 w_t^R，研发产品价格 p_t^R 和研发效率给定时，研发部门通过选择高能力劳动力使研发部门利润最大化，则研发部门最优决策行为为：

$$\max:\ \prod_R = p_t^R(M_{t+1} - M_t) - w_t^R \delta L_t^R \tag{5.10}$$

将研发函数式（5.9）代入，并求解式（5.10），最大化其一阶条件可以得到研发部门劳动者最优工资水平为：

$$w_t^R \geqslant (\gamma - \gamma^2)\left(\frac{K_t^S}{K_t^P}\right)^{c_S}\left(\frac{M_t}{K_t^P}\right)^{\varphi}(K_t^P)^{c_S+\varphi-c_M} Y_t \tag{5.11}$$

当 $L_t^R > 0$ 时，式（5.11）取等号，这也意味着当生产技术对劳动是线性时，自由进出就会使厂商的利润为零。进一步令 $k_t^S = K_t^S/k_t^R$，表示信息社会资本与私人资本的比值，并假定私人资本、信息社会资本和当期研发存量对研发产出的规模报酬不变，因此 $c_S + \varphi - c_M = 0$。根据如上假定，联立式（5.4）和式（5.11）并进行简单转化，我们得出如下关系式：

$$\frac{w_t^R}{w_t^Y} \geqslant \frac{(\gamma - \gamma^2)}{\beta}(k_t^S)^{c_S}(m_t)^{\varphi} L_t^Y \tag{5.12}$$

式（5.12）体现了信息社会资本如何引致人力资本流动，从而使研发部门和最终产品部门劳动者工资存在差异。

4. 家户部门

我们假设劳动者只存活两期，t 期和 t + 1 期。当期的收入用于当期的消费和储蓄，其中当期储蓄是为了下一期的消费。H 代表不同的部门，即最终产品部门（Y）和研发部门（R），τ 为税率，ρ 为贴现率。则劳动者终生贴现效用函数及面临的约束为：

$$U_t^H = \ln c_t^H + \frac{\ln c_{t+1}^H}{1+\rho}$$

$$c_t^Y + s_t^Y = (1-\tau)w_t^Y,\ c_t^R + s_t^R = \delta(1-\tau)w_t^R,\ c_{t+1}^H = (1+r_{t+1})s_t^H$$

其中，s_t^H 和 c_t^H 分别表示不同部门劳动者的储蓄和消费水平。优化如上家庭部门决策函数得出如下最大化一阶条件为：

$$s_t^Y = \frac{(1-\tau)}{2+\rho}w_t^Y,\ s_t^R = \frac{\delta(1-\tau)}{2+\rho}w_t^R \tag{5.13}$$

假定整个社会的私人资本积累来源于最终产品部门劳动者的储蓄和研发部门劳动者的储蓄之和，其中，最终产品部门劳动者的储蓄为 $s_t^Y L_t^Y$，研发部门劳动者的储蓄为 $s_t^R L_t^R$，则第二期的私人资本积累为 $K_{t+1}^P = s_t^Y L_t^Y + s_t^R L_t^R$。进一步将 s_t^Y，s_t^R，L_t^Y 和 L_t^R 分别代入该式得出如下关系式；

$$K_{t+1}^P = \frac{1-\tau}{2+\rho}[\beta + \delta(\gamma-\gamma^2)(k_t^S)^{c_s}(m_t)^{\varphi}L_t^R]Y_t \tag{5.14}$$

5. 政府行为

政府的收入来源于对不同部门劳动者的收入征税。τ 为税率，$w_t^Y L_t^Y$ 和 $w_t^R \delta L_t^R$ 分别表示最终产品部门和研发部门劳动者的工资收入总和。其中，当期政府税收中会有 θ^s 的份额用于下一期的信息社会资本积累。因此，我们得出关于政府税收（T_t）和下一期的信息社会资本积累关系式：

$$T_t = \tau[w_t^Y L_t^Y + w_t^R \delta L_t^R],\ K_{t+1}^S = \theta^s T_t \tag{5.15}$$

进一步，根据 $k_t^S = K_t^S / K_t^P$ 的定义，并结合式（5.1）、式（5.13）、式（5.14）和式（5.15）可以得出如下关系式：

$$k_{t+1}^S = K_{t+1}^S / K_{t+1}^P = \frac{\theta^s(2+\rho)\tau}{(1-\tau)} \tag{5.16}$$

第三节　理论模型均衡求解与分析

一、均衡求解

为鼓励高能力个人通过接受教育进入研发部门工作，则要求其进入研发部门工作的贴现效用水平不低于进入最终产品部门工作的劳动者的贴现效用水平，即 $U_t^R \geq U_t^Y$，否则，高能力劳动者就会选择放弃接受教育而直接进入最终产品部门工作。结合家户部门的优化行为，我们可以得出两个部门的工资比必须满足以下条件：

$$\frac{w_t^R}{w_t^Y} \geqslant \frac{1}{\delta} \tag{5.17}$$

这意味着研发部门的工资水平必须足以对高能力个人接受教育的机会成本进行补偿，否则当研发部门的工资 w_t^R 低于 w_t^Y/δ 时，所有高能力个人都会选择放弃接受教育而直接进入最终品部门工作。结合 $L_t^Y=[\varepsilon_t+(1-\varepsilon_t)(1-\mu_t)]\bar{L}$，并联立式（5.12）和式（5.17），得出如下关系式：

$$\mu_t=f(m_t)=\frac{1}{1-\varepsilon_t}\{1-[\frac{\delta(\gamma-\gamma^2)}{\beta}(k_t^S)^{c_S}(m_t)^{\varphi}\bar{L}]^{-1}\} \tag{5.18}$$

为简化分析，我们假定私人资本排他性和竞争性对产出的作用相等，因此由最终产品生产数式（5.2）可知 $\alpha=c_K$，这意味着私人资本对产出的边际贡献为0。结合式（5.8），我们得出如下关系式：

$$\frac{Y_t}{K_t^P}=\gamma^{2\gamma/(1-\gamma)}m_t(L_t^Y)^{(\beta-c_N)/(1-\gamma)} \tag{5.19}$$

由于私人资本、信息社会资本和当期研发存量对研发产出的规模报酬不变，因此 $c_S+\varphi-c_M=0$。结合研发函数式（5.9），我们得出另一个关系式：

$$\frac{M_{t+1}}{M_t}=1+(k_t^S)^{c_S}(m_t)^{\varphi}\cdot\delta L_t^R \tag{5.20}$$

根据定义，$m_{t+1}=M_{t+1}/K_{t+1}^P$，结合式（5.14）、式（5.16）、式（5.19）、式（5.20）和式（5.21）得如下关系式：

$$m_{t+1}=g(m_t,\ \mu_t)=\frac{[1+(k_t^S)^{c_S}(m_t)^{\varphi}\delta(1-\varepsilon_t)\mu_t\bar{L}](2+\rho)}{(1-\tau)\gamma^{2\gamma/(1-\gamma)}[\beta+\delta(\gamma-\gamma^2)(k_t^S)^{c_S}(m_t)^{\varphi}(1-\varepsilon_t)\mu_t\bar{L}]}$$
$$[\frac{\delta(\gamma-\gamma^2)}{\beta}(k_t^S)^{c_S}(m_t)^{\varphi}]^{(\beta-c_N)/(1-\gamma)} \tag{5.21}$$

二、均衡分析

（一）信息社会资本与稳定增长动力

根据式（5.18）可以看出，$f'(m_t)>0$，$f''(m_t)<0$。由于 $\mu_t\in[0,1]$，存在两个边界点。当 $\mu_t=0$ 时，存在一个低值 m_L，当 $\mu_t=1$ 时，存在一个高值 m_H。因此，式（5.18）可以进一步表述为如下分段函数形式：

$$\mu_t=\begin{cases}0 & 0\leqslant m\leqslant m_L\\ f(m_t) & m_L<m<m_H\\ 1 & m\geqslant m_H\end{cases}\tag{5.22}$$

进一步，式（5.21）可以转化为如下分段函数形式：

$$m_{t+1}=\begin{cases}g(m_t,\ 0) & 0\leqslant m\leqslant m_L\\ g(m_t,\ \mu_t) & m_L<m<m_H\\ g(m_t,\ 1) & m\geqslant m_H\end{cases}\tag{5.23}$$

由于式（5.23）涉及的参数较多，需要确定参数的基准值，然后调整相关参数以刻画式（5.23）所具有的属性特征。根据数值模拟通常的参数取值，同时参考严成樑（2012）和 Agenor 等（2012）相关研究，确定基准参数值为：$\beta=0.6$，$\gamma=0.25$，$\rho=0.04$，$\varphi=0.3$，$\tau=0.3$，$\delta=0.8$，$\bar{L}=1$。式（5.23）均衡含义如图 5-1 所示。根据图 5-1 可以看出，当处于均衡状态，即 $m_{t+1}=m_t$ 时，存在 3 个均衡解，分别位于 A、B 和 C 处。其中，B 为非稳定均衡解，当 m_t 位于 B 点对应的 m 值左边时，函数会逐渐移动到 A 点处；当 m_t 位于 B 点对应的 m 值右边时，函数会逐渐移动到 C 点处。故 A 和 B 为稳定均衡解，但是 A 点对应的 m_t 值较小，为低稳态均衡解；C 对应的 m_t 值较高，为高稳态均衡解。由此可见，如果初始 m_0 位于不稳定均衡交点 B 的左边时，经济最终会收敛至低稳定均衡 A 处；如果初始 m_0 位于不稳定均衡交点 B 的右边时，经济就会趋向并最终收敛至高稳定均衡 C 处。因此，我们希望信息社会资本投资的增加，可以使原本会收敛至低稳态均衡的情形发生转变，最终收敛至高稳态均衡，提高经济的发展质量。

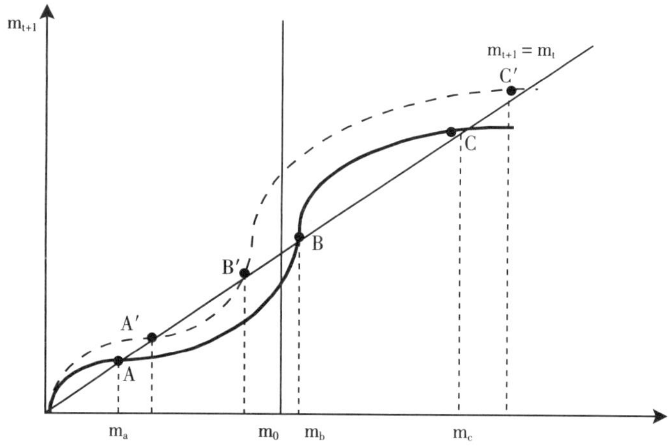

图 5-1　均衡分析图

接下来，我们分析信息社会资本投资增加对均衡产生的影响。通过数值模拟，我们发现随着信息社会资本投资占比即 θ^s 的不断调高，$g(m_t,\ \mu_t)$ 对应的函数值是在不断增大的。这意味着信息社会资本投资占比增加会使 $g(m_t,\ \mu_t)$ 曲线整体向上移动，移动后的曲线为图 5-1 中的虚线所示，对应的新均衡点分别为 A′、B′和 C′。此时，我们看到部分位于 B 点对应 m 值左边的初始 m_0 点随着曲线向上调整，会变化到新不稳定均衡点 B′对应的 m 值的右边。即对于如图 5-1 给出的初始 m_0 的情形，原本会收敛至低稳态均衡 A 点，但随着信息社会资本投资的增加，转而收敛至新的稳态均衡 C′处。因此，随着信息社会资本投资的不断增加，会使更多原本将收敛至不稳定均衡处的经济体转而实现向高稳定均衡处的收敛。

（二）信息社会资本引致经济稳定增长的作用机理

由式（5.18）可以明显看出，高能力个人愿意进入研发部门的比例 μ_t 会随着信息社会资本投资的增加而增加。同时，进入研发部门工作的人数所占比重 $\mu_t(1-\varepsilon)$ 也会随着信息社会资本的投资增加而增加。我们结合式（5.22）和式（5.23），借助图 5-2 体现其内在机制。

第一，根据图 5-2 可以看出，两条曲线的交点决定了均衡时的高能力个人愿意进入研发部门的比重 μ_t 以及知识私人资本比 m_t、B 点处代表的高均衡和 A 点处代表的低均衡。随着 θ^s 的增加，曲线 $f(m_t)$ 整体向左移动。对于低稳态 A 点均衡而言，随着 θ^s 的增加，对应的 $\mu_t[\mu_t(1-\varepsilon)]$ 和 m_t

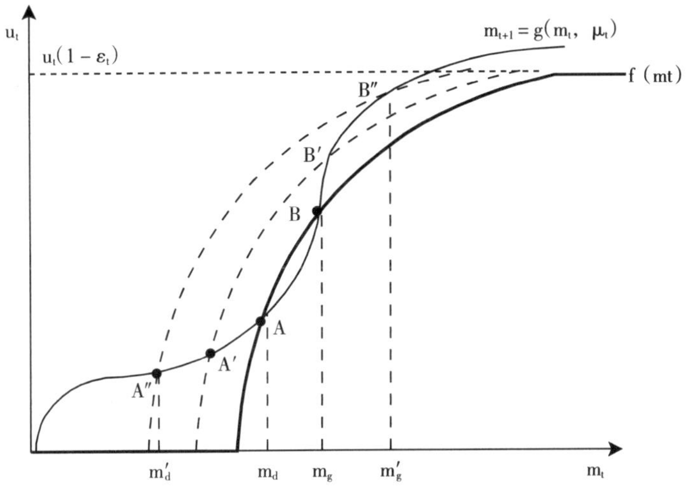

图 5-2 作用机制

均不断减小。但是对于高稳态的 B 点均衡而言，随着 θ^s 的增加，对应的 μ_t [μ_t $(1-\varepsilon)$] 和 m_t 均不断增大。其内在机制为，当经济体实现低稳态均衡时，μ_t 和 m_t 均较低，即高能力个人愿意进入研发部门的比例较低，同时知识存量相对水平也较低。因此，随着信息社会资本投资的增加，整个社会高人力资本积累不足，不能充分发挥信息社会资本投资增加的优势，进一步推动技术进步和实现高人力资本的有效积累。即当经济体处于低稳态均衡时，信息社会资本投资增加不仅不能有效推动经济增长，而且还会给增长带来巨大的机会成本，因此 μ_t 和 m_t 随着信息社会资本投资增加而减小。反之，如果经济处于高稳态均衡，高能力个人愿意进入研发部门的比例 μ_t 和知识存量相对水平 m_t 均较高，经济体具备一定的研发基础，此时整个社会信息社会资本投资增加，可以有效推动研发部门的技术创新，促进研发部门高人力资本的进一步积累，产生新的经济增长动力。

第二，由于整个社会信息社会资本投资的增加会提高研发部门的工资和效率，因此会有更多高能力的个人愿意选择接受教育而进入研发部门工作；同时，高能力个人所占比重 $(1-\varepsilon_t)$ 也会随着信息社会资本的投资增加而增加。研发部门的高工资会激励低能力的个人以信息社会资本为载体，利用信息社会资本搜集和获取信息的便利，努力促进自身人力资本积累，实现人力资本跨越而进入高能力群体中。不仅如此，信息社会资本投资的增加，使个人接受教育更有效率，从而缩短了接受必要教育所需的时间（1 - δ），这意味着进入研发部门工作的门槛降低了，从而吸引更多的个人进入研发部门工作；同时，通过个人一生进入研发部门工作总时长 δ 的增加，带来 μ_t 和 $1-\varepsilon_t$ 的增加，从而促使更大比例的人力资本匹配到研发部门。

第四节　经济稳定增长的实证分析

一、实证模型设定

本章的实证分析部分计量模型设定如下：

$$s\_growth_{it} = a + \beta \times information_{it} + \tau \times Z_{it} + \upsilon_i + \lambda_t + \varepsilon_{it} \qquad (5.24)$$

其中，下标 i 代表地区，t 代表时间，a 代表常数项，υ_i 代表个体效应，λ_t 代表时间效应，ε_{it} 代表误差项。s_growth 代表经济稳定增长变量，information 代表信息社会资本变量，Z 代表影响经济稳定增长的一系列控制变量，β 和 τ 是信息社会资本和其他控制变量的回归系数。以上各个变量刻画及具体含义如下：

当前多数学者基于经济增长波动的角度来刻画经济稳定增长（s_growth）的概念，但我们主要考察当经济增长处于不稳定时是否具有足够动力跨越不稳定均衡状态。现有的理论中此类的实证研究很少，数字刻画方面更是鲜见。我们主要借鉴 Eichengreen 等（2012）和 Aiyar 等（2013）关于增长加速的界定，通过设定经济增长加速的时间点需要满足条件，寻找经济增长连续减速时期是否具有加速增长动力，进而间接地刻画经济增长稳定性。经济稳定增长需要满足。

$$g_{t,t+n} \geqslant \Gamma,\ \Delta g = g_{t,t+n} - g_{t-n,t} \geqslant \Lambda,\ y_t \in [y_1^*,\ y_2^*] \qquad (5.25)$$

其中，g_t 为依据 2005 年不变价格测算的 GDP 增长率，$g_{t-n,t}$ 和 $g_{t,t+n}$ 分别表示 t - n 到 t 以及 t 到 t + n 时间段 n 年间 GDP 年均增长率的平均值。考虑到很少有国家经历过连续七年的经济加速增长，因此我们取 n = 7。第一个条件要求经济增长加速之后的七年平均增长率不低于 Γ。第二个条件要求增长加速上升的幅度要不低于 Λ，表明经济增长达到一定的收入水平之后出现经济转型期。为了能获得较多的经济增长拐点，借鉴 Eichengreen 等（2004，2012）的设定，我们把 Γ 定为 3.5%，把 Λ 取值为 2%。第三个条件限定增长加速发生在某一收入区间内，考察经济增长进入一定的收入门槛之后是否发生经济增长转折。

进一步，借鉴 Eichengreen 等（2004，2012）的方法用二元离散值来表示经济稳定增长，即如果经济增长在减缓时刻能够加速回升，则取值为 1，其他情况取值为 0。表明当经济体处于连续减缓阶段时，在某时刻能够跨越增长减缓拐点的可能性。

信息社会资本（Information Social Capital）。信息社会资本水平需要从需求和供给两个方面来刻画。一方面，社会资本可以给个人带来效用，社会资本的重要性越强，个体用于社会资本的投入越多（严成樑，2012）。由于互联网和移动电话越来越成为人们获得信息的主要渠道，人们之间的沟通也开始更多地依赖于移动电话与互联网。因此，从需求的角度，互联网使用频率（互联网上网人数与总人口的比值）以及电话使用频率（固定电话和移动电话的电话总数与总人口的比值）能够作为刻画社会资本需求水平的指标。另一方面，政府对信息基础设施投资是人们获得信息社会资本的基础，因此，政府对信息基础设施投资可以作为刻画信息社会资本供给水平的指标。但是，由于无法获得统一口径的信息基础设施投资指标，我们采用交通运输投资占全社会固定资产投资的比重以及信息传输投资占全社会固定资产投资的比重来刻画信息社会资本供给水平。

其他控制变量（Z）。除此之外，我们还选取如下变量作为控制变量引入研究框架中，主要包括固定资本形成率，用资本形成额占 GDP 的比重来衡量；人口红利，用 15~64 岁劳动人口占总人口的比重表示；高人力资本水平，由于一般人力资本不能完全反映与普通劳动力的差异，因此我们采用高人力资本作为人力资本的替代指标，用大学以上学历的人数占总人数的比重衡量；原创性技术进步，用每万人科技期刊论文数量来衡量；对外开放度，用进出口总额占 GDP 的比重衡量。

二、计量估计结果与分析

由于所研究问题的被解释变量取值为 1 和 0，采用二值响应模型

（Probit 模型）可以克服线性概率模型的偏效应问题，我们也借此方法考察信息社会资本与稳定增长之间的关系，因此式（5.24）可转换为如下计量模型：

$$p(s\_growth_{it} = 1/X) = f(a + \beta \times information_{it} + \tau \times Z_{it} + \upsilon_i + \lambda_t + \varepsilon_{it}) \quad (5.26)$$

同时我们也采取工具变量估计方法以克服内生性问题，然后利用 Davidson-MacKinnon（1993）提出的 D-M 检验方法以判断内生性是否存在。

理论部分结论表明，信息社会资本之所以能够引致经济稳定增长是因为通过信息共享和知识传递有助于人力资本积累和加快创新进程。因此，接下来我们在计量模型中引入信息社会资本变量、人力资本变量以及信息社会资本变量与创新变量的交互项。表 5-1 第（Ⅰ）~（Ⅲ）列基于信息社会资本需求的角度给出了信息社会资本对稳定增长影响的估计结果。可以看出，当控制固定资本形成率、高人力资本水平等变量后，互联网使用率系数和人均电话数系数均显著为正。该实证结果表明，在经济处于增长减缓拐点时，信息社会资本具有足够动力跨越减缓拐点并实现经济稳定增长。表 5-1 第（Ⅱ）列给出了信息社会资本和人力资本的交互作用对稳定增长影响的估计结果。估计结果显示，人均电话数和人力资本交互项系数为正值，但是不显著，而互联网使用率和人力资本交互项系数显著为正。因此，总体来说，信息社会资本有助于人力资本积累，从而产生增长动力，促使经济稳定增长。表 5-1 第（Ⅲ）列进一步给出了信息社会资本和创新的交互作用对稳定增长影响的估计结果。计量估计得出同样结果，人均电话数和技术创新交互项系数为正值，但是不显著，而互联网使用率和技术创新交互项系数显著为正。因此，信息社会资本也有助于创新效率的提高，从而具有足够动力引致经济稳定增长。表 5-1 第（Ⅳ）列基于信息社会资本供给的角度给出了信息社会资本对稳定增长影响的估计结果。其中“设施 1”为“交通运输投资占全社会固定资产投资的比重”，“设施 2”为“信息传输投资占全社会固定资产投资的比重”。计量结果显示，两种指标的系数都显著为正，并且它们和人力资本以及创新的交互项系数都显著为正。

以上实证结论表明，信息社会资本通过促进人们之间的沟通和信息共享，有助于人力资本积累和促进创新效率的提高，具有经济稳定增长动力，能够使经济向高稳定均衡处收敛。

表 5-1 信息社会资本（需求和供给）与经济稳定增长

变量	（Ⅰ）		（Ⅱ）		（Ⅲ）		（Ⅳ）	
	（电话）	（网络）	（电话）	（网络）	（电话）	（网络）	（设施 1）	（设施 2）
information	4.775*** (0.833)	9.713*** (1.742)	6.120*** (1.613)	5.765** (2.553)	5.605*** (1.969)	5.682** (2.584)	0.720*** (0.174)	1.191*** (0.371)
information × H			0.780 (0.649)	6.179*** (1.219)			0.276*** (0.073)	
information × R&D					0.521 (0.433)	3.016*** (0.596)		0.990** (0.474)
控制变量	√	√	√	√	√	√	√	√
CONS	0.649 (2.460)	-3.308 (2.261)	0.861 (2.779)	-4.221* (2.653)	0.647 (2.789)	-4.340* (2.647)	-3.047*** (0.569)	-5.785*** (1.321)
LRchi2	139.08***	141.22***	182.92***	168.14***	182.96***	167.92***	85.13***	71.93***
Pseudo R^2	0.3402	0.3454	0.5008	0.4604	0.5009	0.4598	0.2082	0.2111
观察值	310	310	279	279	279	279	310	310

注："***""**""*"分别表示 1%、5%、10%的置信水平，括号内数字为标准差。

表 5-2 人力资本积累、人力资本匹配与创新

变量	（Ⅰ）		（Ⅱ）		（Ⅲ）	
	人力资本积累	人力资本积累	技术创新	技术创新	人力资本匹配	人力资本匹配
L.			0.883*** (0.005)	0.931*** (0.009)	0.818*** (0.005)	0.737*** (0.003)
information（电话）	0.767*** (0.037)		0.389*** (0.023)		0.145*** (0.005)	
information（网络）		0.675*** (0.088)		0.253*** (0.022)		0.141*** (0.006)
控制变量	√	√	√	√	√	√
CONS	0.752** (0.235)	-1.050*** (0.308)	0.016 (0.091)	-0.723*** (0.112)	-0.036 (0.030)	-0.188*** (0.017)
R-squared	0.8718	0.7357				
AR(2)			0.3400	0.4415	0.7485	0.5484
SARGAN			0.3380	0.3286	0.5107	0.4188
观察值	310	310	279	279	279	279

注：上标"***""**"分别表示 1%、5%的置信水平，括号内数字为标准差。

表 5-2 第（Ⅰ）列给出了信息社会资本对人力资本积累的影响，具体以在校大学生人数作为被解释变量。可以看出，人均电话数和互联网使用率的系数都显著为正，这表明信息社会资本有助于促进人力资本积累，提高人力资本水平。表 5-2 第（Ⅱ）列给出了信息社会资本对技术创新的影响，具体以每万人科技期刊论文数量作为被解释变量。计量结果发现，人均电话数和互联网使用率的系数都显著为正，这表明信息社会资本有助于加快我国自主创新进程，促进技术进步。表 5-2 第（Ⅲ）列考察了信息社会资本是否会引致高人力资本进入研发部门，具体以科研人员在校大学生人数比重作为被解释变量。可以看出，人均电话数和互联网使用率的系数也都显著为正，这表明信息社会资本促使人力资本匹配到研发部门，提高研发部门高人力资本比重，从而为技术创新提供研发基础。

如上实证结果和理论部分的结论完全一致，基于实证的角度证实了信息社会资本引致经济稳定增长的作用机理。当前伴随着智能手机的问世和移动互联网络的快速发展，信息社会资本已经成为经济稳定增长的新动力。信息社会资本特别是互联网技术，将人类、社会、经济、环境、文化等各个领域的信息汇集起来，借助信息传递和知识共享有助于人力资本积累以及人力资本在部门间的适宜匹配，成为创新和经济稳定增长的动力之源。

以上研究还有一个问题没有考虑，即经济在连续减缓时期，信息社会资本是否也具有足够动力引致经济增长。因此，我们选择 2008~2012 年（31 个省份）经济连续减缓的时间段作为检验样本。同时，我们选择 2000~2006 年（13 个省份）经济连续加速时间段进行进一步比较分析。结果如表 5-3 所示。

表 5-3 稳健性检验

变量	（Ⅰ）连续减缓增长时期（31 个省份）		（Ⅱ）连续加速增长时期（13 个省份）		（Ⅲ）连续减缓增长时期（滞后 1 期）	
	2008~2012 年	2008~2012 年	2000~2006 年	2000~2006 年	2008~2012 年	2008~2012 年
information（电话）	1.332** (0.484)		0.706*** (0.101)		1.216** (0.628)	
information（网络）		2.263** (0.975)		3.687*** (0.546)		2.196** (1.240)
控制变量	√	√	√	√	√	√

续表

变量	（Ⅰ）连续减缓增长时期（31 个省份）		（Ⅱ）连续加速增长时期（13 个省份）		（Ⅲ）连续减缓增长时期（滞后 1 期）	
	2008~2012 年	2008~2012 年	2000~2006 年	2000~2006 年	2008~2012 年	2008~2012 年
CONS	0.229 (0.382)	0.643** (0.276)	0.666*** (0.075)	0.735*** (0.072)	0.401 (0.465)	0.744** (0.322)
F	4.40**	3.91**	34.53***	33.19***	4.35**	3.38**
R-squared	0.1617	0.1464	0.6294	0.6201	0.1716	0.1690
观察值	120	120	65	65	89	89

注："***""**"分别表示 1%、5%的置信水平，括号内数字为标准差。

表 5-3 的第（Ⅰ）列考察了经济增长连续减缓时期情况，第（Ⅱ）列考察了经济增长连续加速时期情况。估计结果显示，信息社会资本在连续加速增长时期可以引致经济增长，同时在增长连续减缓时期也具有足够动力促进经济增长。该实证结果表明以上关于信息社会资本可以引致经济稳定增长的结论是稳健的。值得注意的是，信息社会资本和经济增长之间可能存在内生性问题。信息社会资本可以促进经济增长，同时经济越发达的地区，其信息社会资本水平也越高。为解决上述内生性问题，表 5-3 的第（Ⅲ）列取滞后 1 期的信息社会资本为解释变量，进一步考察信息社会资本在经济连续减缓时期对经济增长的影响。估计结果显示，当控制其他变量之后，滞后 1 期的信息社会资本系数显著为正，这进一步说明了信息社会资本具有足够动力引致经济稳定增长的结论是稳健的。

第五节 主要结论和政策建议

本章基于信息社会资本的信息共享和知识传递的内涵特征，将信息社会资本引入创新的内生增长理论模型中，挖掘信息社会资本借助其信息共享和知识传递帮助人力资本积累和引导人力资本在不同部门间的配置来激励创新和推动生产率提高的内在机制，并以此为依据分析引致经济稳定增长的具体实施路径。理论研究表明：第一，信息社会资本投资增加会提高研发部门的效率和工资，能吸引更多个体进入研发部门，提高研发部门的人力资本比例；第二，个人以信息社会资本为载体，利用信息社会资本搜集和获取信息的便利，促进自身人力资本积累；第三，信息社会资本投资增加使个人接受教育更有效率，从而缩短了接受必要教育所需时间。因此，当政府主导的信息社会资本投资增加时，由于信息共享和沟通的便利，会使高能力个体进入研发部门比例提高，诱发低能力个体通过人力资本积累成为高能力群体，同时降低了进入研发部门的门槛，这内在地提高了研发部门创新效率，为经济提供稳定增长动力。

在理论分析的基础上，我们从互联网使用率和人均电话数角度测度信息社会资本的信息共享和相互沟通程度，同时基于经济稳定增长满足的三个条件构建经济稳定增长指标。最后，运用我国 31 个省份 2001~2012 年的数据实证检验了信息社会资本对我国经济稳定增长的影响，并检验了信息社会资本引致经济稳定增长的作用机制。我们的实证结果与理论部分的结论是一致的，而且实证结果是稳健的。

第六章　中国长期稳定增长动力：基于国际视角的研究

第一节　问题的提出

关于增长减缓的研究，现有理论认为，当某个国家达到中等收入或中等偏高收入阶段时，在经济快速增长的初始阶段能带来经济高速增长的要素和优势就会消失。换句话说，经济增长减缓与经济增长过程中的某个时间点紧密相连，当到达这个时间点时，经济增长减缓的驱动因素就会出现。

经济增长减缓的相关研究多数集中于通过统计工具或经验法则找出样本国家增长序列中的转折点。早期 Ben-David 和 Papell（1998）以 74 个发达国家和发展中国家为样本，找寻增长率序列显著的突破点。研究发现文中界定的增长间断点大多与增长衰退联系在一起。其中，对于发达国家而言，多数间断点集中在 20 世纪 70 年代；而发展中国家则集中在 20 世纪 80 年代。随后，Rodrik（1999）研究发现冲突频发以及冲突管理体制较弱的国家容易经历收入极速下滑。Reddy 和 Miniou（2009）针对真实收入停滞的增长片段进行研究，他们发现 60%的国家都曾经历增长停滞，其普遍存在于贫困、冲突频发和依赖初级产品出口的国家；同时他们还指出经历过增长停滞的国家会频繁遭遇增长停滞转型矩阵，如表 6-1 所示。

由表 6-1 可知，20 世纪 60 年代经历增长停滞的 12 个国家中，有 66.7%在 70 年代持续经历了增长停滞，到 80 年代和 90 年代再次经历增长停滞的概率均为 75%；70 年代发生增长停滞的 22 个国家，有 68.2%在 80 年代经历了增长停滞，54.5%在 90 年代持续经历增长停滞；在 80 年代经

表 6-1 增长停滞转型矩阵

单位：%

发生的概率	60s 停滞 (12)	60s 不停滞 (51)	70s 停滞 (22)	70s 不停滞 (46)	80s 停滞 (58)	80s 不停滞 (12)
60s 停滞						
60s 不停滞						
70s 停滞	66.7	25.5				
70s 不停滞	33.3	74.5				
80s 停滞	75	84.3	68.2	89.1		
80s 不停滞	16.7	15.7	27.3	10.9		
90s 停滞	75	56.9	54.5	60.9	56.9	75
90s 不停滞	8.3	39.2	31.8	36.9	37.9	25

注：60s 表示 20 世纪 60 年代，1960~1969 年；70s 表示 20 世纪 70 年代，1970~1979 年；80s 表示 20 世纪 80 年代，1980~1989 年；90s 表示 20 世纪 90 年代，1990~1999 年。

资料来源：Redy and Minoiu, "Real Income Stagnation of Countries, 1960-2001", Journal of Development Studies, Vol.45, No.1, 2009, pp. 1-23.

历增长停滞的 58 个国家，到 90 年代再次发生增长停滞的概率为 56.9%。

近期的研究也主要借助统计工具，但是考察的是经济增长路径上阶段性特征，比如 Berg 等（2012）筛选出经济增长路径中的增长片段并研究其属性特征；Abiad 等（2012）通过要求增长周期或增长阶段的长度满足一定的条件实现的局部最大或最小来判断经济处于扩张、衰退还是复苏阶段。

另外一些研究经济增长减缓的文献主要通过经验法则进行判断。如 Hausmann 等（2008）建立了识别经济增长崩溃的具体方法，即当劳均收入出现下降趋势，降幅超过了以往所有的降幅时即为增长崩溃。Eichengreen 等（2012）通过界定三个条件来识别增长减缓，即增长减缓前年均增长率不低于 3.5%；增长减缓前后降幅大于等于 2%；同时以 2005 年不变国际价格衡量的人均收入水平要超过 10000 美元。这三个条件的设定与 Hausmann 等（2005）关于增长加速的设定相对应。Felipe 等（2012）对如何实现“中等收入陷阱”的跨越也进行了数值化界定，研究发现，中等偏低收入国家人均收入年均增长率至少在 4.7%才能避免落入“中等偏低收入陷阱”，而中等偏高收入国家人均收入年均增长率至少要达到 3.5%

才能规避“中等偏高收入陷阱”。这些研究都内在地表明，当一个国家跨入中等收入阶段后，如果不能实现经济的持续稳定增长，将无法实现向高收入阶段的跨越，其结果会落入“中等收入陷阱”之中。Aiyar 等（2013）将增长减缓界定为一个国家对预期增长路径突然、持续地偏离。也即增长减缓意味着一个国家对过去增长路径的实质性偏离，其拉长了停滞和衰退的持续时间。

另外一些文献则着重研究导致增长减缓的原因。Eichengreen 等（2012）的研究显示，增长减缓发生时往往伴随着前期的高速增长、不合意的人口特征（尤其是高老龄依存率）、高投资比率及汇率低估。同时发现，中等和高等受教育人口比例高的国家以及出口以高科技产品为主的国家很少经历增长减缓。因此，为了避免中等收入陷阱就必须不断提高受教育程度和科技水平。为应对中国当前经济增长问题，国内学者也作了一些有益的探索。李猛（2013）在增长核算框架下分析中国经济减速的原因，研究发现中国经济减速 90%可以由全要素生产率的增长放缓来解释，剩余 10%归因于资本增长的放缓，劳动的影响可以忽略不计。张德荣（2013）研究了处于不同增长阶段国家的动力源泉，指出发展中国家会面临增长停滞源于不能适时转换经济增长的动力机制，并认为改革和原创性技术进步是未来中国经济增长的重要推动力。刘伟等（2014）认为中国经济增长“新常态”除了表现为经济增长率下降之外，“滞胀”隐患也是引致经济增长“新常态”的体现。除此之外，就业压力减小、消费占比提高、产业结构从劳动密集型向资本密集型和知识密集型转换以及对自主研发的需求增加也反映了中国经济增长的“新常态”。

如上研究本质上是在刻画经济增长路径的属性特征，而我们的目的则是寻找这些属性特征中最为“独特”的一面，即经济增长过程中增长减缓点。正如 Hausmannn 等（2005）所言，一个标准的经济增长理论，不论是新古典增长理论还是内生增长理论，理解经济增长路径及其属性特征最好的方式就是找到经济增长在什么时刻出现拐点。换句话说，通过挖掘经济增长路径的减缓拐点，并且发现是何因素引致这个拐点的出现，才能更好、更深入理解经济增长的属性特征。如果我们仅仅依据经济增长时间序列数据的变动趋势，而不是分析这个拐点，我们只能看到经济增长的外在性质。因此找到经济增长路径在何时开始减缓，并且以何种态势减缓对于正确理解当前中国经济增长“新常态”显得尤为重要。本章的研究就是通过设定经济增长减缓需要满足的条件，进而寻找中国中长期经济增长在何时经历减缓，并且刻画二次拐点之间经济变动所呈现的特征。通过本章的研究，我们发现，当前无论从增长率水平还是人均收入状况看，中国经济均进入增长的减缓时期，并且发生连续增长减缓的可能性较大。最后，基于经济稳定增长的角度，从影响经济稳定增长的直接原因和基本原因两个维度实证分析了谁是驱动经济波动的诱因，谁是稳定经济的动力之源。

第二节　经济增长减缓及国际经济增长经验比较分析

一、经济增长阶段性特征数字刻画

经济增长减缓（Slowdowns）定义为在经济增长阶段突然持续偏离预期的增长路径（Aiyar et al.，2013）。对“新常态”的界定本质上体现了对经济增长阶段的划分，其含义在于揭示出一个事实，即刻画一个阶段向下一个相继阶段的转变来发掘经济增长阶段性特征。一个国家的经济增长不会一成不变地持续下去，但是关于经济增长通常在哪个阶段上减缓的研究就成为考察经济增长阶段性特征的关键。比如，王庆等（2009）通过观察世界经济史发现，在历史规律和万有引力的作用下，一个经济体经历过高速增长后终将要减缓。Eichengreen 等（2012）从国际比较中发现，按照购买力平价和 2005 年美元计算，人均 GDP 达到 17000 美元时，高速增长的经济通常遭遇明显的减缓，并且他们的研究回答了高速增长的经济在何时以及以怎样的人均收入水平减缓。我们所能解决的是利用较长的时间序列数据，放松一些假定构建经济增长减缓的时间点所满足条件，并以此计算经济经过长期快速增长之后在何时减缓，以及刻画从减缓拐点到下一个减缓拐点之间阶段性特征。我们主要借鉴 Eichengreen 等（2012）和 Aiyar 等（2013）关于增长减缓的界定，同时考虑我们重点关注中国以及各省份的经济波动情况，放宽对人均 GDP 增长率的约束，界定经济增长减缓时间点分别需要满足的条件为：

$$g_{t-n,t} \geqslant \Gamma,\ \Delta g = g_{t-n,t} - g_{t,t+n} \geqslant \Lambda,\ y_t \in [y_1^*,\ y_2^*] \tag{6.1}$$

其中，g_t 为依据 2005 年不变价格测算的 GDP 增长率，$g_{t-n,t}$ 和 $g_{t,t+n}$ 分别表示 t - n 到 t 以及 t 到 t + n 时间段 n 年间 GDP 年均增长率的平均值。考虑到很少国家有连续七年的经济加速增长或经济减缓增长，因此我们取 n = 7（Eichengreen et al.，2012）。第一个条件要求增长减缓之前的七年平均增长率不低于 Γ；第二个条件要求增长减缓下降的幅度不低于 Λ；第三个条件限定增长减缓发生在某一收入区间内，考察经济增长进入一定的收入门槛之后是否发生经济增长转折。

二、计算出中国增长减缓的时间点

本部分着重关注中国的经济减缓情况，由于中国当前人均收入水平较低，所以我们放松对收入的约束。考虑到 Eichengreen（2012）的设定（Γ = 3.5%；Λ = 2%）对跨国数据分析得到了较好的拟合效果，因此，我们以此为依据，借助全国经济增长的时间序列数据（时间跨度为 1952~2013 年），筛选出中国经济增长减缓的时间点（见表 6-2）。

表 6-2　计算出增长减缓时间点

减缓拐点					经济周期谷值点			
y	g	△g	t	频数	y	g	t	频数
—	21.3	6.08	1958	10（62）	124.692	-0.3	1961	7（62）
—	8.8	7.96	1959		117.149	-5.7	1967	
124.692	-0.3	5.41	1960		161.114	2.3	1974	
144.593	19.4	3.128	1970		166.712	-1.6	1976	
150.522	7	3.552	1971		463.080	3.8	1990	
172.065	8.7	2.715	1975		1043.508	7.6	1999	
846.871	10	2.1	1996		2611.398	9.2	2009	
916.204	9.3	2.886	1997					
978.237	7.8	2.572	1998					
2403.314	9.6	2.314	2008					

由表 6-2 可以看出，1952~2013 年，我国经济增长经历周期性波动的同时共出现 10 次经济减缓拐点。在此期间，我国经济增长路径中经历了三次连续减缓过程，分别为 1958~1960 年、1970~1971 年以及 1996~1998 年。在每一次经历连续减缓过程之后都会达到经济增长周期的波谷，如经历三年连续减缓后，1961 年和 1999 年分别处在经济增长的谷底；有些波谷甚至在连续两年甚至一年的增长减缓后出现，如 1976 年和 1999 年的情形。这表明，增长减缓伴随着我国经济增长的波动过程同时发生。2008 年中国经济再次面临减缓拐点，经济增长率随后开始呈现加速下滑态势。由于增长惯性，尽管 2010 年中国经济增长率达到 10.4%的峰值，但随后经济增长下滑趋势显著，其后三年经济增长率分别为 9.3%、7.8%和 7.4%，2014 年降至 7.4%的水平。这表明，尽管中国经济经历快速增长过程，但一旦出现经济减缓拐点，如果没有能够扭转这一趋势的稳定增长动力存在，增长持续下滑将成为可能。已有学者对经济增长减缓拐点的出现导致增长持续下滑现象进行证实，例如 Aiyar 等（2013）研究表明，经济减缓拐点的出现意味着经济增长将可能持续偏离稳定增长路径，并且他们将“中等收入陷阱”和增长减缓联系在一起，把“中等收入陷阱”作为经济增长减缓拐点的特例（Special Case）。同时，根据 Eichengreen 等（2012）预测，如果按照经济增长前后七年 2%的减缓幅度计算，预计 2015 年中国将再一次出现经济减缓拐点。

三、国际经济增长经验对中国的启示

2016 年，中国人均 GNI 达到 8260 美元，跨过了世界银行 2012 年对中等偏高收入国家的界定标准（3975 美元），成功跻身中等偏高收入国家行列。以 2005 年不变美元衡量人均 GDP，中国 2013 年仅为 3583.38 美元。在当前发展阶段，中国既面临难得的历史机遇，也将会面对诸多可预见以及难以预见的风险和挑战。通过对中等收入阶段成功实现经济转型的典型国家或地区（“亚洲四小龙”）的经验借鉴，以及仍在中等收入阶段摸索但增长（用人均 GDP 衡量）领先于中国的国家（如东南亚国家、拉美国家和“金砖”部分国家）发展路径的总结，可以更清楚地认清中国面临的经济形势，对研究中国当前经济增长问题大有裨益。因此，我们以美国及“亚洲四小龙”国家和地区为参照系，结合东南亚国家和拉美部分国家，同时考虑中国增长基数较低的现实（20 世纪 60 年代初的人均 GDP 还不足 100 美元），分析了博茨瓦纳和赤道几内亚两个起点较低同时增长较快的国家，通过对这些国家出现经济连续减缓时对应的增长率和收入水平进行分析和归纳，对中国应对当前增长问题提供参考。

（一）控制减缓下降幅度（$\Lambda = 2\%$），变动平均增长率 Γ

我们首先控制经济增长下降幅度为 2%，同时放松收入区间的约束，通过调整平均经济增长率来考察各国经济增长路径的阶段性特征。由表 6-3 可以看出，整体而言，各个国家或地区发生增长减缓都集中在某个增长率区间内，一旦增长率达到一定水平，发生增长减缓的可能性就会增加。比如，亚洲国家集中在 8%~11%的区间发生增长减缓；拉美国家主要集中在 3%~5%范围内发生增长减缓。整体而言，成功实现向高收入阶段跨越国家或地区（以“亚洲四小龙”为主）发生增长减缓对应的增长率水平高于出现增长停滞的国家（主要是拉美国家）。

中国发生增长减缓对应的增长率水平略高于其他国家，集中在 8.5%~11%。当前中国虽然经济增长率处在 7%左右的水平，但是由于 2011 年之前较长一段时间中国一直保持着两位数增长，当前平均增长率水平仍然较高。若以 2014 年 7.4%的增长率水平计算，当前平均增长率为 8.7%，正处于发生增长减缓概率较大的区间内，当前中国正面临经济增长的“换挡期”。这也与有关学者对中国未来经济增长的预测相吻合，中国经济增长前沿课题组预测，未来五年预期经济增长率在 6.4%~7.8%；国务院发展研究中心“中长期增长”课题组预测，未来十年平均增长速度为 6.5%左右。由此可见，当前中国面临增长减缓的趋势在所难免，然而像中国这样一个大国如果出现增长率持续下跌，跌至较低的水平再想恢复就会变得异常困难，因此要顺应当前增长减缓的趋势，及时转换经济增长动力，稳定当前的经济发展态势，避免像拉美国家那样陷入低水平持续减缓的陷阱之中。具体情况见表 6-3。

（二）控制平均增长率和减缓下降幅度（$\Gamma = 3.5\%$，$\Lambda = 2\%$），变动收入区间

本部分从收入的角度考察中国经济增长减缓问题。我们重点关注各国增长经验对当前中国经济增长的启示，所以将发生连续经济减缓对应的收

表 6-3　经济减缓区间国家（地区）比较

单位：%

增长率	2~3	3~3.5	3.5~4	4~4.5	4.5~5	5~5.5	5.5~6	6~6.5	6.5~7	7~7.5	7.5~8	8~8.5	8.5~9	9~9.5	9.5~10	10~10.5	10.5~11	>11
中国													2	1	1	1	2	
美国		6	2	3	3													
韩国											2			1	2	1	7	
新加坡												2	1	1	3			
中国香港					2		1	1	1	3								
马来西亚											1	2	1	5				
泰国											1	1	2	1	2			
南非							1	2	2									
俄罗斯									3									
巴西									1	1	1	1	1			3	1	
智利			1	2	3						4	2						
阿根廷		4	1	1	3	1												
哥伦比亚				2	3													
乌拉圭			2	3	2													
赤道几内亚																		10
博茨瓦纳											1				1	1	2	8

注：阴影数字为发生连续减缓的拐点数，并控制减缓下降幅度 2%作为计值衡量标准。

入区间限定在7000美元以下的范围，重点关注人均收入在［3000，7000］美元时，各国发生连续减缓的情形，其他发生在更高收入阶段的减缓则不予考虑。借助式（6.1），控制减缓前平均增长率和下降幅度，我们通过变动收入水平，找出各国发生连续减缓时对应的收入区间。如表6-4所示，除了美国、中国香港和泰国以外，几乎每个国家或地区人均收入在［3000，5000］美元内都会发生连续增长减缓。由于获得数据的有限性，1960年美国人均GDP已接近16000美元，中国香港1965年人均GDP已接近5000美元，因此美国和中国香港不符合上述规律很大程度源于数据的限制。这意味着在保持高增长情况下，人均收入处于［3000，5000］美元时国家容易发生增长减缓，会面临经济增长的阶段性转折。当这些国家经过一段时间的发展，奠定了一定的经济基础之后，要成功实现向下一阶段的跨越，就必须调整经济结构，摆脱依靠要素投入增加拉动经济增长的发展模式，这样势必会带来增长速度的减缓。

表6-4 经济减缓区间国家（地区）比较

国家（地区）	y < 1000	1000 < y < 3000	3000 < y < 5000	国家（地区）	y < 1000	1000 < y < 3000	3000 < y < 5000
中国	√		√	美国			
韩国			√	巴西			√
新加坡			√	智利			√
中国香港				阿根廷			√
马来西亚			√	哥伦比亚			√
泰国		√		乌拉圭			√
南非			√	博茨瓦纳		√	√
俄罗斯			√	赤道几内亚			√

虽然进入3000美元收入水平面临的增长减缓的风险较大，但如果能顺应增长减缓的趋势调整经济结构，转换经济增长动力，就能较快实现向下一个增长阶段的跨越。例如，成功实现经济转型的亚洲国家和地区停留在［3000，5000］美元的时间均较短，新加坡只用了五年时间就跨过了5000美元的门槛，而韩国和中国香港均为七年。相反，如果在这个阶段不能成功实现经济转型，就会在这个阶段滞留较长时间，发生增长停滞。

典型的拉美国家如巴西 1973~2006 年处于［3000，5000］美元的水平；阿根廷和乌拉圭，人均收入在 1960 年以前就达到 3000 美元，分别于 1992 年和 2004 年跨进 5000 美元门槛，停滞时间分别长达 33 年和 45 年；哥伦比亚和智利也用了近 20 年的时间实现跨越。2013 年中国人均 GDP 水平为 3583.38 美元，正处于［3000，5000］的收入区间内，能否顺应当前增长减缓的趋势，通过转方式、调结构顺利进入下个增长阶段成为当前中国面临的关键问题。

（三）经济增长减缓与跨越的可能性

表 6-5 计算出各个国家（地区）发生连续减缓时间段和对应的增长率水平。整体而言，20 世纪 70 年代和 90 年代，多数国家集中发生了经济减缓，而且连续减缓持续时间较长。但发达经济体经历连续增长减缓较少，即使发生了也多集中在跨入高收入门槛之后。如美国于 1980 年成为高收入国家，其连续增长减缓集中于 21 世纪初期；日本于 1986 年成为高收入国家，连续增长减缓发生于 20 世纪 90 年代初期；新加坡和中国香港于 1990 年先后成为高收入国家或高收入地区，其连续增长减缓发生于 1993 年以后。同时，这些国家或地区在跨入高收入门槛前十年，增长均相对平稳。如美国、日本及新加坡在此期间均未经历减缓过程，中国香港虽然之前一直保持较高速度增长，但也经历了 2 年的增长减缓期。近期有望加入高收入国家行列的巴西和马来西亚，其连续增长减缓也分别发生于 20 世纪 70 年代和 20 世纪 90 年代，而进入 21 世纪后均未发生过增长减缓。由此可见，要实现向高收入阶段的跨越，必须保持经济增长的相对稳定，避免经济出现较大的波动。2016 年，中国人均 GNI 达到 8260 美元，与世界银行界定的高收入门槛 12276 美元仍有较大的距离。当前中国在经过较长一段时间高速增长之后，于 2008 年开始出现增长减缓拐点，如果未来几年均保持当前的增长速度，则根据 Eichengreen（2012）增长减缓的界定，2008 年至今均为增长减缓时期，并且其预测 2015 年还会出现减速拐点。这将使中国向高收入阶段的跨越变得相对困难，稍有不慎可能会重蹈拉美国家的覆辙。

表 6–5　不同国家（地区）发生连续减缓的时间和对应的增长率水平

20 世纪 60 年代	20 世纪 70 年代	20 世纪 80 年代	20 世纪 90 年代	21 世纪	增长率
	新加坡（5） 博茨瓦纳（6）		中国（3）	赤道几内亚（10）	11%~13%
	中国（3） 韩国（6）		韩国（4） 博茨瓦纳（7）		10%~11%
	巴西（5）	中国香港（2）	泰国（6） 马来西亚（6）	中国（3）	9%~10%
	日本（7）		韩国（4） 新加坡（6）		8%~9%
	巴西（4）	马来西亚（3）	智利（7）		7%~8%
南非（5）			中国香港（4） 阿根廷（3）	俄罗斯（4）	6%~7%
	阿根廷（3）	哥伦比亚（3）	中国香港（4）		5%~6%
美国（3）	智利（6）	美国（2）	日本（5） 乌拉圭（4） 哥伦比亚（3）		4%~5%
		乌拉圭（4）		美国（8）	3%~4%

注：括号内数字为连续减缓的拐点数。

当前无论从增长率水平还是人均收入门槛来看，中国经济均面临增长减缓的可能性都较大，甚至会发生连续的增长减缓可能性。因此，我们要做好充分的心理准备顺应增长减缓的趋势，努力寻找经济“新常态”形式下推动经济增长的动力之源，稳定当前的增长态势，同时积极推动经济转型，提高经济增长的质量，为未来阶段向高收入门槛的迈进蓄积力量。

第三节　经济稳定增长实证分析的基本研究框架

一、稳定增长指标构建和实证方法

经济增长的稳定性是我们关注的核心，因此首先需要刻画稳定增长。当前多数学者基于经济增长波动的角度来刻画经济稳定增长的概念，但是经济增长波动不能准确体现经济增长维持稳定的“动力”。例如，发达国家经济增长微弱的波动会对资源配置产生显著冲击，但是欠发达国家经济较大幅度的波动也不会引致生产要素发生很大的改变。同时经济“新常态”下经济稳定增长首先要增长（g_rate），其次要求稳定增长（s_g_rate）。这表明在经济增长“新常态”时期，在引致经济增长的同时，更需要关注经济增长的“常”，也就是本章重点考察的经济稳定增长动力。因此，我们需要刻画经济增长如何在持续减缓时期能够具有足够动力回升或者保持稳定，即刻画在经济增长减缓时刻能够跨越减缓拐点的可能性。我们借鉴 Eichengreen 等（2004，2012）的方法用二元离散值来表示，即如果经济增长在减缓时刻能够加速回升取值为 1，其他情况取值为 0。即满足如下条件：

$$\begin{cases} s\_g\_rate=1，\text{如果：}\Delta g = g_{t,t+7} - g_{t-7,t} \geqslant 0.02 \\ s\_g\_rate = 0，\text{其他} \end{cases} \tag{6.2}$$

式（6.2）表明，当经济增长处于连续减缓时，如果在某一时刻增长加速上升的幅度不低于 2%，经济增长就能够跨越减缓拐点的可能性（Eichengreen et al.，2012）。[①] 我们借助中国经济增长率数据的经验计算也表明，只有增长加速上升的幅度不低于 2%时，经济增长才具有加速拐点出现可能性。

刻画经济稳定增长动力之源时，我们从两个维度进行选择：影响经济

① Eichengreen 等（2012）借助国际经验数据拟合结果表明 2%是最佳的拟合值。

稳定增长的直接原因和影响经济稳定增长的基本原因。经济稳定增长计量模型为：

$$Pr(s\_g\_rate_{it} = 1/X,\ Z) = G(a + \theta' X_{it} + \theta'' Z_{it} + \theta_t + \mu_i + \varepsilon_{i,t}) \tag{6.3}$$

中国经济面临高速增长常态到中高速增长“新常态”的阶段性转变，这只是经济增长阶段性“换挡”，并不意味经济增长的停滞。因此，我们仍然需要关注经济增长问题，本章的经济增长指标用人均实际 GDP 增长率表示，则经济增长计量模型为：

$$g\_rate_{it} = \lambda gdp\_rate_{it-1} + \psi' X_{it} + \psi'' Z_{it} + \theta_t + \mu_i + \varepsilon_{i,t} \tag{6.4}$$

其中，X 和 Z 是一个向量，包含如上影响经济增长的一系列因素。其中 X 为直接原因因素的向量，Z 为基本原因因素的向量。θ_t 和 μ_i 分别表示年固定效应和省固定效应，$\varepsilon_{i,t}$ 为随机干扰项。需要说明的是，由于相关解释变量可能存在非线性关系以及变量对经济增长的非线性影响，我们在基准计量模型中将引入某些变量的二次方项。

由于经济稳定增长模型的被解释变量为二元离散选择变量，而 Probit 模型可以有效地克服线性离散模型的偏效应问题（Woodridge，2003），因此我们构建式（6.3）Probit 模型进行分析。同时我们也采取工具变量估计方法以克服内生性问题，随后运用 D-M 检验方法（Davidson-MacKinnon，1993）来判断内生性是否存在。对于式（6.4）经济增长模型为动态面板模型，包含被解释变量的滞后项，导致解释变量存在内生性。为解决这一问题，我们采用广义矩估计方法进行分析。一般而言，广义矩估计方法包括差分矩估计（DIF-GMM）和系统矩估计（SYS-GMM）估计两种。由于差分矩估计方法的估计量易受弱工具变量影响，从而会产生有限样本偏误问题（Bond et al.，2001），因此我们使用系统矩估计方法对本章的动态面板模型进行估计。基于以上分析，我们主要报告系统矩估计方法的估计结果。

二、变量定义和数据说明

现有的文献主要基于影响经济增长的直接原因的角度研究经济增长阶段性动力，比如张德荣（2013）以固定资本形成率、劳动力、人力资本水平和技术进步等为变量研究了引致经济增长的阶段性动力。仅研究直接原因肯定是不完备的，按照西方经济学理论，引致经济增长的动力不仅有直接原因，还有基本原因，并且基本原因更易引起经济增长波动。因此，我们除了考察引致经济增长的直接原因外，还考察影响经济稳定增长的基本原因。我们选取影响经济稳定增长的基本原因主要包括：

分权化改革（ESY_C）。中国的分权化改革大都把关注点放在财政分权改革上，却很少有人提到当中国"财政分权"改革起步时，还有一个"金融分权"改革过程与之相伴随。中国的分权化改革理应包括"财政分权"和"金融分权"两个方面的内容，这是因为传统计划经济体制是财政与金融不分的"大一统"体制，要打破这个体制必须同时从财政与金融两个方面入手。金融分权是指中央和地方政府为了打破传统计划体制而释放金融资源的一系列举措，包括 1979 年实施的第一次"拨改贷"及 1979~1985 年对国有银行实行"统一计划、分级管理、存贷挂钩、差额包干"的改革，1985 年初开始实行的第二次"拨改贷"改革和 1985~1994 年实施的"统一计划、划分资金、实贷实存、相互融通"的分权化管理模式的改革以及随后启动的国有银行市场化改革等。由于财政分权在很多文献中已经有深入阐述，因此本章重点考察的是在财政分权化下的金融体制转型对经济稳定增长的作用，目的在于分析财政分权启动金融分权化改革进而促进经济增长的作用机制。我们构建如下财政分权下的金融体制变迁指标，用金融机构的总贷款除以各级政府部门用于经济建设的支出来表示。该指标显示，在市场经济体系不完善和金融市场缺位的背景下，作为中国经济转型过程中最重要的制度安排之一，分权化改革促使"大一统"财政兼金融的计划体制瓦解并形成了一个以银行为主体的市场导向的金融体系，体现了中国财政分权过程中启动了金融分权如何影响经济增长的过程。

地方制度环境（LG_Q）。良好的制度环境能够为市场机制的基础性匹配提供良好的保障，因此影响经济增长的稳定性。国外学者一般用"腐败透明度感知指数"（Transparency International Corruption Perception Index）来衡量各地区制度环境（Arin et al.，2011），也有的通过构建政府治理指标体系来考察地方政府的制度质量情况（Kaufmann et al.，2007）。国内学者则较多使用腐败立案数来衡量（周黎安和陶靖，2009）。由于腐败程度反向映射地方政府对制度环境质量的控制，我们也用万人腐败立案数作为刻画地方制度环境的替代指标。

地方政府努力水平（LE_W）。地方政府追求经济绩效的努力会影响经济增长的稳定性。地方政府努力水平主要来源于分权化改革下地方政府的政绩考核，分权化下地方逐渐拥有自身的发展目标及手段（Weigast，1997；蒋震，2014）。一般而言，中央政府往往将地方经济增长率等绝对经济绩效指标作为考核政绩的依据，并以此来决定地方官员的升迁路径。因此，地方政府官员为了个人目标的追求，通常会施加较大压力，通过片面追求较高的地区经济增长率来获得较好的绝对经济绩效。参考蒋震（2014）的研究，由于地方政府依然关注经济增长率和税收收入增长率，我们选择用各省份本年与上年的 GDP 增长率之差（LE_G）和各省份本年与上年的税收收入增长率之差（LE_T）来衡量地方政府的努力水平。

工业化水平（L_INDU）。黄群慧（2014）认为工业化进程内在蕴含了诸如产业结构转型、产能过剩等影响经济增长效率的因素。因此，工业化水平可以作为一个影响经济稳定增长的较综合性指标。工业化水平可以通过多个角度来进行衡量，工业化反映了国家和地区的经济增长和经济结构随着工业发展而发生连续变化的过程。我们为反映工业对经济增长的贡献，采用制造业增加值占总商品生产部门增加值的比重来衡量。

对外开放度（L_OPEN）。由于对外开放对发展中国家经济增长的作用机制是复杂的，既包含了对外开放对发展中国家资本积累的推动作用，也包含对发展中国家技术进步和管理创新的推动作用。因此，我们选择对外开放度（L_OPEN）作为基本原因引入到分析框架中。对外开放度用进出口总额占 GDP 的比重衡量。

关于引致经济增长的直接原因，本章选取的变量主要包括固定资本形成率（IN_V），用资本形成额占 GDP 的比重来衡量；人口红利（D_POPU），用 15~64 岁劳动人口占总人口的比重表示；高人力资本水平（H_CAP），由于一般人力资本不能完全反映与普通劳动力的差异，因此我们采用高人力资本作为人力资本的替代指标，用大学以上学历的人数占总人数的比重衡量；原创性技术进步（T_PRO），用每万人科技期刊论文数量来衡量。

本章数据来源于世界银行 WDI 数据库、中华人民共和国统计局、各年的《中国统计年鉴》和地方统计年鉴、《中国检察年鉴》以及《新中国六十年统计资料汇编》，时间跨度为 1978~2012 年。以上本章所涉及的变量的统计性描述如表 6-6 所示。

表 6-6 变量的统计性描述

定义	样本数	均值	标准差	最小值	最大值
s_gdp_rate	1085	0.303	0.459	0	1
gdp_rate	1049	10.956	4.352	-9.1	41.5
ESY_C	1023	4.463	2.403	0.288	13.3
LE_G	1019	-0.015	4.876	-24	37.1
LE_T	966	0.0125	0.428	-5.707	6.5
L_INDU	1085	0.372	0.109	0.059	0.760
IN_V	1013	0.439	0.131	0.140	1.114
H_CAP	1084	0.372	0.634	-0.920	2.223
D_POPU	494	0.710	0.043	0.597	0.838
LG_Q	715	0.413	0.248	0.071	1.997
T_PRO	768	0.157	0.537	0	7.865
L_OPEN	768	0.301	0.394	0.032	7.865

第四节　中国经济稳定增长动力差异比较研究

一、基本原因与经济稳定增长动力差异

这一部分只考察基本原因对经济稳定增长的不同影响。由于我们没有对经济增长的直接原因进行考察，因此会存在遗漏变量问题。为克服计量模型遗漏变量所产生的内生性问题，对于式（6.4）采用两步法系统矩估计方法进行回归，检验结果显示，模型的设定通过了 Arellano-Bond 二阶序列相关检验以及 Sargan 额外工具变量的有效性检验，这表明模型的设定是正确的。对于式（6.3），除了引入非线性变量外，还采用工具变量估计方法进行估计，我们将解释变量一阶滞后变量作为工具变量。D-M 检验结果显示，模型式（6.3）的 4 个估计结果 D-M 检验的 p 值分别为 0.57、0.21、0.39 和 0.19，表明引入非线性解释变量和进行工具变量估计之后，

不存在内生性的问题，因此该估计结果具有一定的可信度。

表 6-7 的第（Ⅰ）列考察了金融分权变量对经济增长的影响，估计结果发现金融分权与经济增长具有显著的倒“U”型关系，中国的金融分权对经济增长具有非线性影响。这表明在短期内，财政分权及其推动的金融分权为金融发展提供了制度环境，在这种环境中二者的相互作用促进了经济增长。但是在经济稳定增长模型中，金融分权变量系数在 1%的置信水平显著为负，这表明中国的金融分权促进经济非线性增长的同时，会引致经济增长的波动，也即政策冲击以及制度变革仍然是影响经济运行和造成经济波动的重要原因，这与刘树成（2006）的观点相吻合，他指出中国的经济周期与历次的制度变迁过程是一致的。表 6-7 的第（Ⅱ）列考察了地方政府努力水平对经济增长和经济稳定的作用，检验结果表明，地方政府基于升迁的目的追求经济增长绩效的努力不仅促进了经济增长，也有助于经济稳定。但是我们发现，地方政府追求税收收入的努力却引致经济增长不稳定性。这可能是因为地方政府追求经济增长绩效时，更关注经济增长的全面均衡发展，也就是经济增长的质量。但是地方政府追求财政税收的努力更多关注的是收入来源渠道的重点发展，当然会引致经济增长的不稳定性。表 6-7 的第（Ⅲ）列考察了地方制度环境对经济增长和经济稳定的作用。研究发现，地方制度环境对经济增长和经济稳定也具有显著的正向影响，良好的地方制度环境不仅有助于促进经济增长，也有助于稳定经济增长。良好的制度环境意味着政府政务和立法透明，腐败程度低，能够为市场机制的基础性匹配提供良好的保障（Fan et al.，2009；陈志勇和陈思霞，2014），减少政府对市场的非正常干预，从而有助于经济增长的稳定性。

表 6-7　基本原因与经济稳定增长计量回归结果

变量	（Ⅰ）		（Ⅱ）		（Ⅲ）		（Ⅳ）	
	经济增长	经济稳定	经济增长	经济稳定	经济增长	经济稳定	经济增长	经济稳定
L.gdp_rate	0.324*** (0.020)				0.476*** (0.013)		0.510*** (0.019)	
ESY_C	12.172*** (3.696)	-0.647*** (0.210)					28.301*** (3.644)	-0.224 (0.374)
ESY_C^2	-8.824** (4.869)						20.569** (3.501)	

续表

变量	（Ⅰ）		（Ⅱ）		（Ⅲ）		（Ⅳ）	
	经济增长	经济稳定	经济增长	经济稳定	经济增长	经济稳定	经济增长	经济稳定
LE_G			0.486*** (0.023)	0.063*** (0.009)				0.120*** (0.017)
LE_T			−0.139 (0.261)	−0.197** (0.111)			0.139 (0.141)	−0.266** (0.142)
LG_Q					−5.003*** (1.554)	1.446** (0.626)	−6.131** (2.213)	1.404** (0.656)
LG_Q^2					1.517 (1.186)	−0.872** (0.436)	2.261c (1.489)	−0.789* (0.451)
L_INDU	4.402*** (1.379)	0.065 (0.405)	6.171** (2.07)	−0.411 (0.404)	5.104** (2.167)		4.493* (2.704)	−1.160 (0.626)
常数项	2.157** (0.797)	−0.164 (0.149)	8.659*** (0.773)	−0.413** (0.155)	5.543*** (0.912)	−0.987*** (0.176)	−3.258** (1.382)	−0.430 (0.296)
AR(2)	0.163				0.2061		0.3960	
F			139.86					
SARGAN	30.599				30.461		30.212	
LRchi2		10.90		49.14		5.77		68.57
Pseudo R^2		0.0085		0.0420		0.0068		0.0833
观察值	991	1023	962	962	711	715	681	681

注："***""**""*" "c"分别表示1%、5%、10%、15%的置信水平，括号内数字为标准差。

此外，工业化水平变量系数在经济增长模型中显著为正，但是在经济稳定增长模型中不显著，这表明工业化依然是中国经济增长的引擎，对未来经济增长仍然十分重要。但是当前工业化并不能释放足够的动力拉动经济稳定增长，不具有扭转经济增长加速下滑的力量。2010年中国步入工业化后期，但是还处于工业化试验阶段，即使到2020年也仅仅走完工业化前两个阶段，工业化还需要继续深化。改革开放以来，中国加快了工业化进程，很大程度上实现了经济"赶超"，但是中国只是工业大国，还不是一个工业强国，还需要长期的工业化深化阶段。基于稳健性检验目的，表6-7的第（Ⅳ）列把所有变量引入分析框架中进行回归，实证结果显示，当把所考察的变量放在一起进行回归后，上述变量的系数符号和显著性水平均未发生改变，这表明以上实证分析结果是稳健的。

二、直接原因与经济稳定增长动力差异

表 6-8 实证估计了直接原因对经济稳定增长的不同作用。为克服计量模型的内生性问题，对于经济增长计量模型同样采用两步法系统矩估计方法进行回归。检验结果表明，模型的设定通过了 Arellano-Bond 二阶序列相关检验以及 Sargan 额外工具变量的有效性检验；对于经济稳定增长计量模型也引入非线性变量和采用工具变量估计方法进行估计，并且 D-M 检验的 p 值分别为 0.17、0.33、0.51 和 0.31，表明不存在内生性的问题。

表 6-8 直接原因与稳定增长计量回归结果

变量	（Ⅰ）		（Ⅱ）		（Ⅲ）		（Ⅳ）	
	经济增长	经济稳定	经济增长	经济稳定	经济增长	经济稳定	经济增长	经济稳定
L.gdp_rate	0.542*** (0.012)		0.591*** (0.023)		0.562*** (0.014)		0.580*** (0.013)	
T_PRO	−3.111*** (0.336)	−2.669*** (0.752)					−2.448*** (0.336)	−2.205** (0.802)
T_PRO^2	0.298*** (0.046)	0.375** (0.175)					0.262*** (0.050)	0.327** (0.186)
D_POPU			33.003*** (8.007)	−1.798 (2.012)			23.685*** (1.991)	75.373 (59.885)
D_POPU^2								−51.266 (42.248)
H_CAP					1.752*** (0.223)	0.306*** (0.576)		0.477** (0.171)
IN_V	1.751^{c} (1.133)	−2.914*** (0.684)	4.141*** (1.090)	−2.715*** (0.684)	2.014** (0.698)	−1.367** (0.576)	2.841*** (0.737)	−1.242** (0.659)
L_OPEN	2.724*** (0.488)	0.213 (0.237)	1.535** (0.561)	−0.443** (0.191)	0.760^{c} (0.481)	−0.504** (0.180)	1.939*** (0.328)	0.058 (0.233)
CONS	−395.72*** (40.38)	−206.18*** (41.07)	344.00** (103.76)	−117.24** (38.89)	1.562*** (0.178)	−0.257 (0.342)	−13.521*** (1.364)	−28.060 (21.112)
AR(2)	0.1754		0.1342		0.1297		0.1482	
SARGAN	30.6379		30.3546		30.2378		30.1834	

续表

变量	（Ⅰ）		（Ⅱ）		（Ⅲ）		（Ⅳ）	
	经济增长	经济稳定	经济增长	经济稳定	经济增长	经济稳定	经济增长	经济稳定
LRchi2		47.85		23.10		18.46		41.57
Pseudo R^2		0.0860		0.0436		0.0328		0.0791
观察值	490	490	463	463	496	496	459	459

注："***""**""c"分别表示1%、5%、15%的置信水平，括号内数字为标准差。

表6-8第（Ⅰ）列考察了原创性技术进步对经济增长和经济增长稳定的作用，回归结果显示，技术进步不仅引致经济增长，而且具有足够的动力维持经济稳定增长，这表明原创性技术进步是经济稳定增长的动力之源。我们的研究结论和张德荣（2013）的研究结论一致。他研究发现，随着技术进步水平的不断提高，技术进步对经济增长的边际正效应也会逐步提高，而且针对中高收入和高收入国家或地区来说，原创性技术进步对增长的边际正效应更大。具体而言，如果一个国家或地区的人均GDP高于3975美元，此时当用以衡量技术进步的指标"每万人科技论文数量"达到10的水平时，技术进步对经济增长的推动效应为4.3%，也即技术进步是中高收入阶段及以上国家经济增长的重要推动力。第（Ⅱ）列和第（Ⅲ）列检验了人口红利和高人力资本对经济稳定增长的效应。回归结果发现，人口红利可以引致经济增长，但是不能引致经济增长的长期稳定。但高人力资本不仅可以引致经济增长，同时具有足够动力保障经济增长的长期稳定，是经济长期稳定增长的动力之源。这表明，尽管人口红利是造就中国经济奇迹的重要推动力量，但是"刘易斯拐点"已经到来，作为中国经济增长重要资源禀赋的人口红利将不可避免地进入衰减期，这将会在短期内对中国经济增长造成实质性影响。但是高人力资本在长期具有边际报酬递增的属性特征，除了作为一般生产要素之外，高人力资本更多赋予生产知识和技术创新的内涵，同时高人力资本的外部性特征能够有效降低产品生产的成本，提高研发部门的效率，从而成为经济长期稳定增长的核心因素。因此，这就内在地要求人力资本结构的优化升级，提高高人力资本的占比。投资依然是驱动经济增长不稳定性的重要因素，表6-8的回归结果显示，投资引致经济显著增长的同时也驱动着经济增长的不稳定性。当前，中国宏观层面上还严重存在投资积压和由此带来的产能过剩问题，

然而在微观层面上依然存在政府对经济的过度干预以及由此造成的要素价格扭曲。故在此背景下，投资仍然是造成中国经济波动的主要原因。并且在这种背景下，投资本身的波动已经成为经济波动的重要组成部分。对外开放度对经济增长的作用同样明显，但是对外开放也引致中国经济增长的不稳定性。对外开放对发展中国家经济增长的作用机制是复杂的，既包含对发展中国家资本积累的推动作用，也包含对发展中国家技术进步和管理创新的推动作用。对外开放政策促使大量国外资金、技术和管理经验被引入国内，在加速我国经济发展的同时，国际经济波动也成为中国经济波动的一个重要冲击源。

三、稳健性检验与讨论

以上实证结果仅单独考察基本原因或直接原因对经济稳定增长的不同作用，但是单独引入基本原因或直接原因存在遗漏变量所造成的内生性问题。因此，接下来我们把基本原因和直接原因放在一起进行回归。同时，以上的研究也至少有一个问题没有进一步解决，即经济在连续减缓时期，这些因素是否也具有足够动力引致经济增长。首先，我们选择 1984~1990 年（16 个省份）和 1994~1999 年（18 个省份）两个连续经济增长减缓的时间段作为检验样本。同时，我们选择 2000~2006 年（27 个省份）连续加速时间段进一步比较分析。[①]

表 6-9 的第（Ⅰ）列至第（Ⅲ）列回归结果显示，通过控制其他变量，金融分权在经济减缓时期不能引致经济增长，但是在经济加速时期对经济增长具有显著的促进作用；地方制度环境和地方政府努力水平在经济减缓时期和经济加速时期都对经济增长具有显著的正效应；在影响稳定增长的直接原因方面，高人力资本不仅能够促进经济增长，而且具有足够动力扭转经济下滑趋势，引致经济稳定增长。但是投资只具有经济增长效应，不具有经济增长稳定的作用。进一步我们在第（Ⅳ）列和第（Ⅴ）列进行系统矩估计，通过控制其他变量，以上各个变量的系数符号和显著性都没有发生改变。

① 连续减缓时间段和连续加速时间段的选取比较复杂，计算篇幅也较大，如需要可向作者索取。

表 6-9 稳健性检验与讨论

变量	（Ⅰ）RE 连续减缓时间段（1984~1990 年）	（Ⅱ）RE 连续减缓时间段（1994~1999 年）	（Ⅲ）RE 连续加速时间段（2000~2006 年）	（Ⅳ）SYS_GMM 连续减缓时间段（1994~1999 年）	（Ⅴ）SYS_GMM 连续加速时间段（2000~2006 年）
L.gdp_rate				0.347* (0.215)	0.566*** (0.121)
ESY_C	-1.616 (1.273)	0.072 (0.187)	-1.352** (0.699)	0.115 (0.381)	-0.836 (0.624)
ESY_C^2			0.104c (0.066)		0.097** (0.048)
LG_Q	-6.738** (3.297)	6.962** (2.468)	7.761** (4.262)	3.168** (1.424)	9.372*** (2.142)
LG_Q^2		-3.167** (1.586)	-9.021** (5.039)		-10.619*** (2.812)
LE_G	0.449*** (0.093)	0.222** (0.114)	0.637*** (0.064)	4.980*** (0.827)	-0.135 (0.515)
H_CAP	4.644c (3.280)	2.431** (1.212)	3.606*** (0.637)	3.913** (1.812)	4.333*** (1.271)
IN_V	10.361 (14.314)	-2.474 (4.367)	18.915*** (1.488)	-14.593 (16.465)	4.666** (2.320)
CONS	2.298 (6.006)	16.912 (10.122)	-13.898** (4.434)	6.785 (8.865)	-2.997 (2.915)
其他变量	YES	YES	YES	NO	YES
Wald chi^2	54.110*** (0.000)	112.11*** (0.000)	739.51*** (0.000)		
AR(2)				0.1678	0.7273
SARGAN				7.88448	17.03995
观察值	34×16	51×18	109×27	37×15	89×26

注："***""**""*""c"分别表示 1%、5%、10%、15%的置信水平，括号内数字为标准差。

以上实证结果再一次表明，当把所有因素放在一起并且分时间段进行估计时，所得的结论与前文的结论基本是一致的，因此本章的实证结果是稳健的。值得注意的是，金融分权并没有起到稳定经济增长的作用。我们认为，尽管财政分权及其启动的金融分权短期内共同起着促成计划经济解体的作用，顺应了整个经济转型的趋势，使整体经济的效率得以改善，但是打破计划经济体制的效力经过一段时间后开始递减，因此需要进行进一步的市场化改革，尤其是推进金融部门的改革，以提高经济的整体效率。同时改变金融部门作为“第二财政”的地位，实际上，金融部门在提高贷款效率方面还有很大潜力可以挖掘，金融发展不够成熟是因为金融配置资源的潜力受到财政方面的约束，应当通过市场化改革给金融发展提供更为广阔的空间，使之成为加速经济增长的另外一个途径。接下来对此进行进一步分析。

四、关于金融分权和市场化改革的进一步分析

以上实证结果显示，中国金融分权化过程并没有释放足够的动力保障经济稳定增长。我们认为，打破计划经济体制的效力经过一段时间的排放已经开始递减，因此需要进行进一步的市场化改革，尤其是推进金融部门的改革，才能完全提高经济的整体效率。为此，我们在基础模型上引入市场化变量。我们选用樊纲等发布的《中国市场化指数——各地区市场化相对进程 2011 年报告》中的“市场化”指数（MK）和“金融业的市场化”指数（FanIndex）。其中“金融业的市场化”指数研究了“金融业的竞争”和“信贷资金分配的市场化”，反映了金融业的竞争强度和资金配置效率。同时，我们在模型中引入财政分权变量作为控制变量。表 6-10 的计量回归结果显示，当控制包含财政分权在内的其他控制变量之后，“市场化”指数变量和金融分权化变量的交互项系数显著为正，同时“金融业的市场化”指数变量和金融分权化变量的交互项变量的系数也显著为正。

表 6-10　金融分权、市场化与经济稳定增长计量回归结果

变量	（Ⅰ）	（Ⅱ）	（Ⅲ）	（Ⅳ）
	经济稳定	经济稳定	经济稳定	经济稳定
ESY_C	-0.0801 (0.189)			
FanIndex × ESY_C		0.0381** (0.016)		
MkIndex × ESY_C			0.0295** (0.013)	
FanIndex × MkIndex				0.0104* (0.006)

续表

变量	（Ⅰ）	（Ⅱ）	（Ⅲ）	（Ⅳ）
	经济稳定	经济稳定	经济稳定	经济稳定
控制变量	YES	YES	YES	YES
LR chi^2	97.26*** (0.000)	101.74*** (0.000)	101.32*** (0.000)	96.52*** (0.000)
Pseudo R^2	0.1182	0.2454	0.2444	0.2344
观察值	681	315	315	312

注：“***”“**”“*”分别表示1%、5%、10%的置信水平，括号内数字为标准差。

我们认为，市场化改革含义比分权化改革更广，中国改革开放以来所进行的主要是以分权化为特色的市场导向改革，但这种改革还带有计划经济的痕迹，是不够深入的市场化改革。因此，党的十八大要求进一步推进“让市场在资源配置中起决定作用的改革”，这才是比分权化改革更深入一步的市场化改革。如果说正在进行或将要进行的市场化改革旨在建立中国特色市场经济体系的话，那么分权化改革可以看作是为了建立这个体系而打破传统计划经济体系的第一步，是为建立完善的中国特色市场经济体系所做的铺垫。也就是说，分权化改革是市场化改革的初级阶段，而下一步市场化改革是高级阶段。

由于分权化改革（其中地方政府发挥了主要作用）具有从计划经济体制下释放资源和解放生产力的作用，加上中国的分权化改革具有强烈的市场导向色彩，因此在市场不完全和不完善条件下，分权化改革有助于把资源引导到有效配置的方向，因此在改革初期，分权化改革与市场化改革的作用相同，都促进了经济增长。从二者相互关系上来看，分权化改革虽然有市场化改革的部分元素，但它毕竟不是成熟和完善的市场经济的产物，尤其是在中国分权化改革带有很强烈的政府干预色彩，因此进行进一步的市场化改革很有必要，它使资源配置效率进一步提高，使政府不再需要太多的干预。因此，市场化改革可以理解为分权化改革的进一步延伸和在资源配置水平上的进一步提高。

金融分权是分权化改革在金融领域的体现，通过金融分权能打破“大一统”的财政和金融不分开的计划经济体制，而金融市场化是达到更高水平的金融发展。在中国，金融分权可以看成是金融发展的第一步或起步阶段，而金融市场化则是为了进一步推进金融发展的水平，金融分权与计划经济相比，能够相对更加有效地配置金融资源，进而可以促进经济增长；而金融市场化若是推进得比较成功，就一定有助于金融发展，而一旦有了相当程度的金融发展，就意味着金融市场也更加完善了。因此，当整个金融体系都实现了金融市场化时，金融发展水平也就很高了。所以，金融分权在中国是金融发展的起步阶段或初级阶段，而金融市场化是金融发展向成熟的金融发展阶段推进的手段。这意味着，在金融发展的高级阶段，金融市场的各个组成部分（如信贷市场、证券市场、股票市场等）都成熟了。因此，在中国，只要金融分权（初级阶段）和金融市场化（较高阶段）有利于促进金融发展，它们就一定有利于经济增长，就能共同促进经济增长。

第五节　主要结论和政策建议

经过多年的快速增长，中国经济面临高速增长常态到中高速增长“新常态”的阶段性转变。本章通过借助 Eichengreen 设定经济增长减缓需要满足的条件，基于跨国经验以及长期经济增长数据寻找经济增长路径阶段性特征，研究发现，成功跨入高收入阶段的国家或地区在跨越临界点前至少十年间均保持经济相对稳定增长，其连续增长减缓过程多集中于跨入高收入门槛之后。这些国家能够适时转换增长动力机制，从而实现向高收入阶段的跨越。拉美一些国家，由于错过了调整增长方式、转变增长动力的最佳时机，从而陷入长期增长停滞。

当前中国刚跨过中等偏高收入门槛，2008 年即呈现增长减缓态势，笔者认为，2015 年可能再次出现增长减缓拐点，这将使中国向高收入阶段的跨越变得相对困难。我们认为，在经济增长的换挡期，经济增长动力不仅仅表现在使经济增长，关键看能否具有足够的动力使经济长期稳定增长。同时我们发现，在不同阶段经济增长的动力是不同的。在平衡增长时期和加速增长时期，经济增长的动力因素较为相似，但在增长减缓时期，引致经济增长的动力存在差别，甚至有些因素不仅不能扭转经济持续减缓的趋势，还导致经济增长更大幅度的波动。中国经济增长进入新阶段后，实现了大规模的经济赶超，比较优势的发挥已经逐渐失去动力。因此，我们需要结合“新常态”下的经济增长阶段性特征，适时转换经济增长动力机制，迎接下一个稳定增长的关键时期。

结合本章的实证结论，笔者提出如下建议：①虽然短期内财政分权及其推动的金融分权为金融发展提供了制度环境，并在这种环境中二者的相互作用促进了经济增长，但是金融分权并没有表现出持续的增长动力，其打破计划经济体制的效力经过一段时间后开始递减。中国分权化改革虽然有市场化改革的部分元素，但它毕竟不是成熟和完善的市场经济的产物。因此需要进行进一步的市场化改革，尤其推进金融部门的改革，使之成为金融发展和经济稳定增长的动力。②良好的制度环境能够为市场机制的基础性匹配提供保障，减少政府对市场的非正常干预。同时，良好的制度环境也为地方政府指引正确的努力方向，使地方政府的绩效目标向追求经济增长质量转变，从而能够促进经济稳定增长。因此改善政府治理、抑制政府腐败依然为中国未来经济稳定增长的重要动力因素。③工业化进程内在蕴含了诸如产业结构转型、产能过剩等影响经济稳定增长的因素。中国工业经济正处于工业化后期阶段，国际经验表明工业化后期阶段是曲折和富有挑战的，当前必须高度重视产能过剩、产业结构转型升级和“第三次工业革命”三方面问题，因此中国还处于长期的工业化深化阶段。2015 年“两会”上政府工作报告中明确提出“中国制造 2025”规划，这是中国制造业在信息化基础上的“再工业化”过程，我们应抓住这一有利时机实现工业化和信息化的深度融合，在数控机械设备和智能制造装备等高端装备制造领域挖掘新的增长潜力。④随着“一带一路”和自贸区建设的推进，中国与世界经济的融合进一步加深，我们要及早防范外来风险对中国经济稳定增长带来的冲击。在经济增长的换挡期，应着力把出口依赖转换为内需依赖。本章研究结论表明，依赖出口实现经济快速增长的发展之路并不能持续。随着外围经济走弱，中国应尽快进行经济结构调整，从依赖出口到增加内需，实现包容性发展和可持续发展。⑤基于我们对各个发展阶段经济增长动力直接因素的研究和对中国目前所处发展阶段的判断，未来中国固定资本投资率的回落在所难免，人口红利将趋于消失。推动未来中国经济可持续增长的引擎是具有高人力资本环境下的技术创新。因此，这就内在地要求优化人力资本结构，提高高人力资本的占比。

第七章 中国区域增长动力差异与持续稳定增长

第一节 引 言

中国经济增长在经历外部环境深刻变化和自身增长动力调整转变后，从高速增长向中高速增长阶段转换，2016 年中国经济年均增长率仅为 6.7%，整体经济呈现趋势性下移态势，而与此同时，推动中国经济持续高速增长的动力机制正逐渐弱化。Gill 和 Kharas（2007）强调，进入中等收入阶段的国家如果经济失去发展动力，将会陷入长期增长停滞。

以往学者也对中等收入阶段国家增长动力转换问题关注较多，相关研究指出，一个国家要想避免落入“中等收入陷阱”，就必须对增长结构性因素尽早进行调整，将模仿活动转换为基于国外技术的创新策略，寻找到提高生产率的新方式（Perez-Sebastian，2007）。具体而言，在经济发展的初始阶段，模仿是生产率增长的主要源泉，当经济体达到增长技术前沿时，基于国外成果的创新（即生产性活动的展开以及新技术、新想法的应用等）将取代模仿成为增长的重要动力。UNIDO（2009）的研究也表明，对于马来西亚、泰国以及其他的中等收入国家而言，通过发展知识和创新密集型产品及服务实现产业价值链提升，增强与发达国家市场的竞争才能实现自身的快速增长。Eichengreen 等（2014）的研究显示，出口以高科技产品为主的国家以及中等和高等受教育人口比例高的国家很少经历增长减缓。因此，一国为避免落入“中等收入陷阱”就必须不断提高受教育程度和科技水平。许多跨国增长经验也佐证了这一观点。如马来西亚正是由于高人力资本的缺失而陷入“中等收入陷阱”。反之，韩国得益于中高等教育的快速发展，而使其顺利跨越“中等收入陷阱”，进入到高收入国家行列。

进一步，很多学者聚焦于对中国经济增长表现和增长动力机制的讨论。青木昌彦（2011）表示，中国目前已经跨越了通过产业结构变迁实现增长的库兹涅茨发展阶段，需要逐步过渡到以人力资本积累为主的“H”阶段；并指出韩国、日本能成功实现向高收入阶段的跨越正是因为在这个阶段取得了关键性的胜利。袁富华（2012）认为，经济发展过程中出现的经济结构性调整带来的整个经济增长速度出现趋势性下降的情形不能视为“中等收入陷阱”。具体而言，中等收入国家发展到一定阶段时，产业调整会向服务业转移，而高就业比、低劳动生产率的第三产业的扩张会降低经济增长速度，这种伴随产业结构调整的增长减速并不意味着国家会落入“陷阱”之中。沈坤荣和滕永乐（2013）指出，中国经济前期增长表现与新古典增长理论观点基本一致，但随着经济总量不断加大，必须重构经济增长动力机制。关于中国经济增长动力的详细研究包括：蔡昉（2013）强调中国经济面临从二元经济发展阶段向新古典增长阶段的转变，应借助政策调整重新配置资源，通过促进技术进步和体制改善提高效率，实现向全要素生产率支撑型发展模式转变。李猛（2013）在增长核算框架下分析中国经济减速的原因，研究发现中国经济减速90%可以由全要素生产率的增长放缓来解释，剩余10%归因于资本增长的放缓。张德荣（2013）研究了处于不同增长阶段国家的动力源泉，指出发展中国家会面临增长停滞源于不能适时转换经济增长的动力机制，并认为改革和原创性技术进步是未来中国经济增长的重要推动力。靳涛和陶新宇（2015）从生产要素、结构因素和体制因素三个方面对中国经济不同时间段的增长动力机制进行探讨。

当前中国经济面临较高的连续增长减缓风险（李静等，2015），如何通过适时转换增长动力，实现持续稳定增长成为学者亟须解决的难题。然而，以往研究多是从中国整体经济的角度讨论增长跨越和动力转换问题，较少有学者从区域层面定量探讨增长动力差异问题。笔者考虑到中国不同区域增长特征存在结构性差异，增长表现差距较大，因此认为从区域层面进一步深入探讨增长动力机制问题，认清中国不同区域的增长特征和动力机制，更有利于找到有针对性的区域增长策略，以实现整体经济效率提升，使中国经济从根本上摆脱连续减缓可能引致的增长衰退泥淖并顺利通过二次转型实现向高收入阶段的过渡。

综上，这一部分研究将借助对不同区域、不同增长阶段省份增长情况的对比分析，寻找区域经济发展的动力结构特征和增长动力源泉，便于通过及时有效转换增长动力机制，实现区域经济稳定增长，为中国经济整体增长挖掘新的增长潜力，成功推进结构转型提供理论依据和数据支撑。

第二节　中国经济增长的阶段性划分

关于经济增长阶段的划分，有些学者的依据是产业结构的调整步骤，如钱纳里的工业化阶段理论以及罗斯托对经济发展不同阶段的划分。钱纳里通过动态多国模型，从经济结构转变的视角，以各国的人均收入水平为划分标准，将经济发展阶段分为初级产品生产阶段、工业化阶段和发达阶段。其中，工业化阶段进一步细分为四个时期，即工业化初期阶段、工业化中期阶段、工业化后期阶段和后工业化社会。工业化初期阶段，产业结构发生调整，由农业向工业转型，经济发展以劳动密集型产业为主；中期阶段即重化工业发展阶段，制造业内部由发展轻工业向发展重工业转变，这一时期主要以资本密集型产业发展为主；工业化后期阶段，第三产业尤其是新兴服务业将实现持续高速增长，成为经济增长的主要动力源泉。后工业化社会时期，制造业内部将由资本密集型产业主导转换为技术密集型产业主导。进入发达阶段的现代化社会时期，知识密集型产业将从第三产业中分化出来，成为经济发展的主要驱动力。罗斯托对经济发展阶段的划分类似，分为六个阶段，即传统社会阶段、为起飞创造条件阶段、起飞阶段、走向成熟阶段、大众高额消费阶段和追求生活质量阶段。本书将这两种划分方式结合起来，同时依据钱纳里 1964 年人均收入的划分标准，结合美国 GDP 平减指数数据，可换算出 2014 年的对应各个收入阶段的人均收入划分标准，如表 7-1 所示。

Ohno（2009）将一个国家的发展进程用“赶超工业化”（Catching-up Industrialization）的四个阶段来描述。处于初始阶段的国家特点为，文化单一，农业生产以基本的生活资料为主，当面临制造业 FDI 的流入时就会进入到第一个阶段；在这个阶段，国家可以在国外技术的引导下从事简单的制造业生产，当前越南即处于这个阶段；之后，当产业发挥集聚优势

表 7-1 经济增长阶段的划分（按人均 GDP 标准）

单位：美元

经济发展阶段	罗斯托	钱纳里	钱纳里（1964 年）	钱纳里（2014 年）
第一阶段	传统社会阶段	初级产品生产	200 以下	1493 以下
第二阶段	为起飞创造条件阶段	工业化初期	200~400	1493~2987
第三阶段	起飞阶段	工业化中期	400~800	2987~5976
第四阶段	走向成熟阶段	工业化后期	800~1500	5976~11206
第五阶段	大众高额消费阶段	后工业化社会	1500~2400	11206~17190
第六阶段	追求生活质量阶段	发达阶段	2400 以上	17190 以上

资料来源：Chenery，H. B.，S. Robinson and M. Syrquin，Industrialization and Growth，A Comparative Study，Journal of Comparative Economics，Vol. 13，1989，pp. 591-596. 2014 年数据为依据联合国统计司美国 GDP 平减指数（2005 年=100）数据换算而得。

时，就会进入第二个阶段，此时国家内部已经拥有自己的支柱产业，但仍然需要国外技术的引导，代表性国家有泰国和马来西亚；当进入第三个阶段时，则需要国家或地区进行技术吸收，实现对管理和技术的熟练掌控，生产高质量的产品，韩国和中国台湾即为典型的进入第三阶段的国家或地区；当国家具备创新能力时，就能进入到第四个阶段，如日本、美国和欧盟国家，完全能够胜任产品的设计和创新工作，成为该产业创新产品的全球引导者。

一些研究依据不同发展阶段驱动经济增长的要素不同，对增长阶段进行划分。如 Aoki（2012）将东亚式发展模式归纳为五个阶段，即马尔萨斯式的贫困陷阱阶段（“M”阶段）、以政府为主导的发展阶段（“G”阶段）、通过结构变迁实现的库兹涅茨—刘易斯式的发展阶段（“K”阶段）、以人力资本为主导的经济发展阶段（“H”阶段）和后人口红利阶段（“PD”阶段）。其认为中国 1952~1977 年、1978~1989 年、1990~2011 年分别处于“G”阶段、“K”阶段、“K”和“H”混合发展阶段。第一个阶段，由政府主导，将自然资源和资本由第一产业转移至第二和第三产业，而劳动力转移则受到社会和政治的制约；第二个阶段，经济增长主要源于劳动力数量的增长和劳动力从第一产业向第二、第三产业部门转移实现；第三个阶段，受独生子女政策影响，劳动力数量增长带来的人口红利对增长的贡献逐渐削弱，转而寻求劳动力结构转变，提高人口质量。

中国经济增长前沿课题组（2012）强调，长期经济增长路径是由结构演进到均衡路径逐步形成过程，大致可分为两个阶段，即结构调整促进增长的前期经济追赶阶段与要素和产出比例趋于稳态的后期均衡增长阶段。其中，增长阶段的转换主要源于持续的资本积累、主导产业更替以及创新制度的涌现，这使工业先行国能成功跻身发达国家行列。研究同时指出了中国经济面临的增长阶段转换问题，即通过结构调整提升经济效率的增长阶段（阶段Ⅰ）行将结束，很难通过政府干预实现投资和出口依赖型增长驱动模式的效率提升；同时，推进城市化进程和积极发展服务业将有利于过渡到增长阶段Ⅱ，实现经济稳定增长，效率提升推动经济结构进一步优化将是本阶段的主要特征。这种结构性加速到结构性减速的增长路径转换，符合长期增长统计规律和发达国家的经验事实（袁富华，2012）。

也有学者就经济增长的路径形态，对增长发展阶段进行区分。蔡昉（2013）依据增长形态的差异，将增长阶段分为“M”形增长（即马尔萨斯式的贫困陷阱增长阶段）、“L”形增长（刘易斯式的二元经济发展路径）、“T”形增长（刘易斯拐点）、“S”形增长（索罗式的新古典增长路径）。第一阶段，主要由于物质资本和人力资本积累受限，导致增长长期处于“低水平的贫困陷阱”；第二阶段，得益于资本形成和劳动力增长以及劳动力受教育程度提高，能实现经济较快速度增长；第三阶段，即从“L”向“S”过渡过程中，会出现刘易斯拐点，这一时期主要通过提高劳动力质量，增加劳动生产率，从而抵消由于资本边际报酬下降导致的资本回报率降低，推动经济增长；第四阶段，即新古典增长阶段，需要借助全要素生产率提高实现经济快速增长。

2012 年，世界银行则以按 Atlas 测度方式衡量的人均收入水平为界定标准，将世界各国划分为不同的增长阶段。将人均 GNI 小于等于 1005 美元的国家定为低收入国家；人均 GNI 在 1005~12276 美元之间的国家定为中等收入国家；人均 GNI 大于 12276 美元的国家定为高收入国家。其中，又将中等收入国家划分成中等偏低收入国家（人均 GNI 大于 1005 美元小于 3975 美元）和中等偏高收入国家（人均 GNI 大于 3975 美元小于 12276 美元）。

第三节 经济增长几个典型特征化事实分析

一、各省份所处增长阶段

以上关于增长阶段的划分标准较为丰富，多数从定性的角度通过不同阶段的结构调整过程（Ohno，2009；中国经济增长前沿课题组，2012）、驱动增长要素（Aoki，2012）、增长形态特征（蔡昉，2013）等视角来对增长阶段进行划分。其中，世界银行和罗斯托、钱纳里的增长阶段划分给出了较为明确的定量划分界限。但世界银行的划分标准较为粗略，对中等收入阶段的划分仅有两个层次，即中等偏低收入阶段和中等偏高收入阶段。罗斯托和钱纳里的划分标准更为细致，将增长阶段划分为六个阶段，层次更为丰富，对分析整体进入中等收入阶段的中国讨论各个省份的增长情况更为实用。因此，本章依据罗斯托和钱纳里关于经济增长阶段划分的理论，按照人均 GDP 水平不同将经济增长阶段划分为六个阶段，中国各省份所处增长阶段情况整理如表 7-2 所示。与世界银行划分标准相比，第一阶段近似于低收入阶段，第二阶段和第三阶段为中等偏低收入阶段，第四阶段为中等偏高收入阶段，第五阶段和第六阶段为高收入阶段。

表 7-2 中国各省份所处增长阶段情况

经济增长阶段	地域划分	GDP 增速>6.9%	GDP 增速≤6.9%
第五阶段	东部	天津市（9.3）、江苏省（8.5）、浙江省（8）	北京市（6.9）、上海市（6.9）
	西部	内蒙古自治区（7.7）	
第四阶段	东部	福建省（9）、广东省（8）、山东省（8）、海南省（7.8）	辽宁省（3）、河北省（6.8）
	中部	湖北省（8.9）、湖南省（8.6）、河南省（8.3）	吉林省（6.5）、黑龙江省（5.7）
	西部	重庆市（11）、陕西省（8）、宁夏回族自治区（8）、新疆维吾尔自治区（8.6）、青海省（8.2）	

续表

经济增长阶段	地域划分	GDP 增速>6.9%	GDP 增速≤6.9%
第三阶段	中部	江西省（9.1）、安徽省（8.7）	山西省（3.1）
	西部	四川省（7.9）、广西壮族自治区（8.1）、西藏自治区（11）、云南省（8.7）、贵州省（10.7）、甘肃省（8.1）	

注：括号内为 2015 年各省份 GDP 增长率水平。

2014 年中国经济人均 GDP 为 7590.83 美元，依据上述划分标准来看，表明中国正处于工业化后期增长阶段，已经成功跨过中等偏高收入门槛，成为中等偏高收入国家。中国各省份经济增长情况特征如下：①一些省份增长较快，已经成功迈过第五阶段的收入门槛，进入工业化后期阶段，成为发展水平较高的省份。[①] 如上海市、天津市、北京市在 2010 年左右相继进入第五增长阶段。天津市 2014 年人均收入为 17130.8 美元，临近第六增长阶段收入门槛值。处于第五阶段的各个省份，除内蒙古自治区外，均为东部沿海地区省份。②50%的省份都集中在第四增长阶段。[②] 其中，除海南省和河北省外，其他东部省份辽宁省、福建省、广东省、山东省收入水平均较高，接近第五阶段收入门槛临界值且增长路径较为相似，跨越各个阶段的时间点较为接近。辽宁省表现出显著的增长乏力，2015 年辽宁省 GDP 增速仅为 3%。③有近 1/3 的省份还处于第三增长阶段。[③] 其中，中部 3 个省份山西省、江西省和安徽省增长表现较好，人均 GDP 分别为 5709.1 美元、5644.7 美元、5604.1 美元，即将跨入第四阶段。

二、增长阶段性特征

本章主要借鉴 Eichengreen 等（2014）、Aiyar 等（2013）和李静等（2015）关于增长减缓和增长加速的界定，将经济增长减缓（Slowdown）定义为在

① 依据上述标准，中国进入第五阶段的省份有 6 个，即天津、北京、上海、江苏、浙江、内蒙古。

② 进入第四阶段的省份有 16 个，即辽宁、福建、广东、山东、吉林、重庆、湖北、陕西、宁夏、新疆、湖南、河北、青海、黑龙江、海南、河南。

③ 进入第三阶段的省份有 9 个，即四川、山西、江西、安徽、广西、西藏、云南、贵州、甘肃。

经济增长阶段突然持续偏离预期的增长路径。需要满足的条件为：

$$g_{t-n,t} \geqslant \Gamma,\ \Delta g = g_{t-n,t} - g_{t,t+n} \geqslant \Lambda,\ y_t \in [y_1^*,\ y_2^*] \quad (7.1)$$

其中，g_t 为依据 2005 年不变价格测算的 GDP 增长率，$g_{t-n,t}$ 和 $g_{t,t+n}$ 分别表示 t－n 到 t 以及 t 到 t＋n 时间段 n 年间 GDP 年均增长率的平均值。考虑到很少国家存在连续七年经济加速增长或经济减缓增长，因此我们取 n＝7。第一个条件要求增长减缓之前的七年平均增长率不低于 Γ；第二个条件要求增长减缓下降的幅度不低于 Λ；第三个条件限定增长减缓发生在某一收入区间内，考察经济增长进入一定的收入门槛之后是否发生阶段性转折。借鉴 Eichengreen 等（2014）和李静等（2015）的研究，我们取 Γ＝3.5%，Λ＝2%。

同理，筛选出的增长加速的时间点必须满足的条件为：

$$g_{t,t+n} \geqslant \Gamma,\ \Delta g = g_{t,t+n} - g_{t-n,t} \geqslant \Lambda,\ y_t \in [y_1^*,\ y_2^*] \quad (7.2)$$

其中，第一个条件要求增长加速之后的七年平均增长率不低于 3.5%；第二个条件要求增长加速上升的幅度不低于 2%；第三个条件表明从一个加速拐点到下一个加速拐点，增长加速发生在某一收入区间内。

依据上述关于增长减缓和增长加速的界定，筛选出各省份增长减缓和增长加速时间点。我们发现，中国各省份经济增长加速过程往往伴随着增长减缓的发生，而且多数地区均有连续增长加速和连续增长减速状况发生。同时，各省份经历连续加速和连续减速交错出现，并且时间段较为集中，如 1963~1966 年、1976~1980 年、1990~1994 年、2002~2006 年多数省份都发生了连续加速，1957~1961 年、1985~1988 年、1996~1998 年、2007~2010 年多数省份经历连续增长减缓。其中一些时间点与中国经济发展中出现的重大事件密切相关，如 1978 年中国实行改革开放发展战略、2001 年加入 WTO 等均带来明显的增长加速过程，最近两次增长连续减缓则主要是由于 1997 年亚洲金融危机和 2008 年全球金融危机的冲击造成的。同时我们发现，2008 年全球金融危机首先冲击的是增长处于较高阶段的省份，这些省份中多数在 2007 年甚至更早就已表现出增长减缓趋势，如北京市、上海市、江苏省、浙江省、内蒙古自治区、广东省、山东省均在 2007~2009 年发生连续增长减缓。东部地区的外向型经济发展结构，使其在面临国际金融危机时，出口易首先遭遇重创，从而导致增长放缓趋势明显。因此，中国尤其是经济发达省份应及时防范外部金融风险冲击，避免出现货币、银行、债务等危机，引起经济巨大波动（张平，2015）。2010 年中国各省份则开始出现普遍性的增长减缓，仅有六个省份没有表现出增长减缓特征。这些省份主要集中在西部地区，由于经济发展起点低，拥有较大的经济增长动力，当下还能保持较高的增长速度，目前还未呈现出增长减缓特征。

三、代表性省份增长动力分析

（1）经济增长阶段高。人均收入均位于 10000 美元以上且增速快的代表性省份：处于第五阶段的天津市、江苏省、浙江省和处于第四阶段的福建省、广东省。2015 年，天津市和福建省的 GDP 增速分别为 9.3%和 9%，分别位列中国各省份的第 3 和第 6；江苏省、浙江省和广东省 GDP 增速均位于 8%~8.5%，在中国各省份中处于中游水平。

广东省、福建省、浙江省等前些年经济下降趋势显著，但通过及时调整产业结构，发展新兴产业，增长质量不断提高。这些省份在增长转型过程中，较好地实现了结构转型升级，完成了新旧动能的转换，财政收入均实现较快增长。如 2015 年，广东省一般公共预算收入为 9364 亿元，同比增长 12%；江苏省这一指标为 8028 亿元，同比增长 11%。同时，东部省份第三产业占 GDP 的比重均相对较高，多数已形成“三二一”结构模式，即以第三产业为主导的经济结构。东部地区自身具有的人口和消费优势，使“互联网+”、金融业等新兴产业有充分的发展空间，很多增长快、发展空间大的新兴产业多集中在这些地区。如 2015 年软件和信息技术服务业税收同比增长 21.2%，北京市、广东省、上海市和浙江省等主要集聚区域占比达 74%，浙江省税收增幅高达 57%。

以广东省为代表的东部地区，积极发展新兴产业的同时，努力实现传统制造业的转型升级。首先，受经济下行压力、产能过剩和库存较高的影响，制造业发展缓慢，但部分高端装备制造业由于创新力度大，产业集聚程度高，具有较高的市场竞争力，为经济带来新的增长动力。如江苏省、浙江省和广东省三大产业集聚区电气机械和器材制造业税收增长 10.6%，比制造业整体税收增幅高 5.3%，占全国的 57%。其次，工业结构调整步伐也在加快。如浙江省 2015 年高新技术产业、战略性新兴产业、装备制造业增加值分别增长 6.9%、6.9%和 6.3%，增幅均高于规模以上工业，高新技术产业对工业增长贡献份额高达 55.1%。天津市、广东省等地服务业规模高于国家平均水平。

（2）经济增长速度较慢。低于国家平均增速的省份，依据收入阶段的不同大致划分为三个层面，即处于第五阶段的北京市、上海市，第四阶段的辽宁省、吉林省、黑龙江省、河北省以及处于第三阶段的山西省。2015 年，北京市、上海市和河北省 GDP 增速均为 6.9%左右，与国家整体水平持平；表现最差的为辽宁省和山西省，增速仅为 3%左右；“东三省”中吉林省增速表现稍好，为 6.5%，黑龙江省为 5.8%。

首先，北京市和上海市较早实现经济结构转型，随着两地工业和投资的放缓，服务业占比提升，必然伴随 GDP 增速的下降。2015 年，北京市、上海市服务业占比分别为 79.9%和 67.8%左右，位列全国前两位。北京市和上海市现代服务业（金融和科技服务业）增长状况良好，如 2016 年第一季度，上海金融业增加值为 967.63 亿元，同比增长 28.7%；北京金融业实现增加值 859.3 亿元，同比增长 18.7%；科学研究和技术服务业增加值为 415.7 亿元，同比增长 11.3%。创新程度较高的租赁业和汇集了法律、咨询、知识产权服务等知识密集型行业的商务服务业发展较好，北京市 2015 年完成税收收入 953.8 亿元，同比增长 27.8%。如果现代服务业仍能保持较快增长，则在面临当前增长连续放缓的较大下行压力时，北京市和上海市不会出现 GDP 增速剧烈下滑的情形。

其次，东北经济下行主要源于工业增速放缓。东北经济以发展能源和制造业为主，石油、化工等能源产业受全球价格影响，装备制造业出现大规模产能过剩，同时新兴产业发展滞后，没能成功实现结构转型是经济下行的主要原因。2016 年 1~2 月，辽宁省规模以上工业增速为–4.5%，排名全国倒数第一，同时房地产投资增速为–9.6%，投资直线下降。“东三省”一直是国家重要的能源和重工业基地，城镇化水平较高，但其产业结构过度依赖钢铁、石油、机械等，由原材料等占据东北经济主流的上游行业的下滑是导致整体经济下滑的主要原因。如辽宁省工业产业以装备制造业、冶金和石化产业发展为主，黑龙江省则主要发展石油产业。这些省份依赖自身丰富的自然资源，几乎都是能源供应和炼化大省，旧有产业面临产能过剩和供给侧结构性改革，服务业还未发展壮大，新兴产业无从谈起，又没有沿海靠江的优势贸易条件，结构转型升级面临较大困难。这些省份当前面临的增速极速下跌就是长期积累的产业结构和经济结构问题的集中显现。

（3）经济增长速度较快的省份主要集中于西部和中部，其中收入阶段较高的代表性省份有重庆市、陕西省、宁夏回族自治区、湖北省、湖南省，人均收入排名集中在第 12~17 名，其中重庆市、陕西省和宁夏回族自治区人均收入接近 8000 美元的水平；收入阶段较低的省份如西藏自治区、云南省、贵州省，人均收入均位于 4800 美元以下。

西部诸省份由于经济发展起点低，拥有较大的经济增长动力。如重庆市增速排名全国第一，近些年一直保持 10%以上的增长速度，实体经济发展扎实，服务业稳步提升。2014 年，重庆市以发展服务业为核心的都市功能核心区，服务业占 GDP 的比重高达 78%，以发展工业为核心的都市功能拓展区和城市发展新区 GDP 总量占重庆市整体的 50%，成为新的增长极。同时，重庆市积极提升自身的对外开放水平，修建的"渝新欧"铁路连通欧洲，有望将重庆这样一个内陆城市打造成独具特色的外贸城市，具有较大的增长潜力。贵州是中国最穷、交通最不便利的省份之一，但近些年情况有所好转，通过积极承接珠三角地区的产业转移，发展生态旅游等服务业，同时有望成为国内一个重要的大数据机房聚集地。

中部地区也因其便利的交通枢纽条件，资源储备较为丰富，近几年随着东南沿海的产业转移以及国家实施的中部崛起发展战略，增长势头相对较好。湖北省、湖南省以及河南省位于全国交通干线的枢纽位置，地势平坦、自然资源丰富、人口稠密，对承接沿海地区的产业转移具有很大的发展优势。

第四节　增长动力阶段性差异：一个实证

一、计量模型与变量选取

本章基于四个维度考察中国区域阶段性经济增长的动力之源：增长要素层面、制度变迁层面、结构转型层面和地方环境层面。计量模型如下：

$$img_{it} = control + \beta_1 gfactors_{it} + \beta_2 institus_{it} + \beta_3 structs_{it} + \beta_4 loines_{it} + \mu_{it} \tag{7.3}$$

其中，img代表经济增长动力，即借助式（7.2）进行刻画，如果经济增长在连续减缓时期跨越增长减缓拐点取值为1，否则取值为0（Eichengreen et al.，2012；李静，2015）。

gfactors代表增长要素层面因素。主要包括：高人力资本、人口红利、投资和技术进步指标。高人力资本水平，由于一般人力资本不能完全反映与普通劳动力的差异，因此本章采用高人力资本作为人力资本的替代指标，也可以在某种程度上反映人力资本分布特征，即用大学及以上学历的人口数占劳动人口数的比重衡量；人口红利，用15~64岁劳动人口数占总人口数的比重表示；投资用固定资本形成率反映，即用资本形成额占GDP的比重来衡量；原创性技术进步，用每万人专利申请授权数来衡量。

institus代表制度变迁层面因素。本章选取财政分权、金融分权和对外开放度作为表征制度变迁的指标。财政分权，本章选取地方政府财政支出对中央与地方政府财政总支出的比值，以及剔除了“国防支出和政策性补贴支出”后的地方财政支出对中央与地方财政支出比值的算术平均值作为度量财政体制改革程度的指标；金融分权，本章用金融机构总贷款除以各级政府部门用于经济建设的支出来表示（马颖等，2015）；对外开放度，本章用进出口总额占GDP的比重衡量对外开放度水平。

structs代表结构转型层面因素。本章用工业化水平和产业结构转型作为表征经济结构转型的指标。工业化水平，工业化进程内在蕴含了诸如产业结构转型、产能过剩等影响经济增长效率的因素（黄群慧，2014），因此工业化水平可以作为一个影响经济增长的较综合性指标。本章为反映工业对经济增长的贡献，采用制造业增加值占总商品生产部门增加值的比重来衡量；产业结构转型，本书用服务业增加值份额与农业增加值份额比值衡量产业结构转型过程，比值不断提高，意味着产业结构转型的不断推进。

loines代表地方环境层面因素。选取的指标主要包括：地方政府努力水平和地方制度环境。地方政府努力水平又细分为地方政府追求税收的努力水平和地方政府追求政治晋升的努力水平。参考蒋震（2014）和李静（2015）的研究，由于地方政府依然关注经济增长率和税收收入增长率，本章选择用各省份本年与上年的GDP增长率之差和各省份本年与上年的税收收入增长率之差来衡量地方政府的努力水平；地方制度环境，本章也用万人腐败立案数作为刻画地方制度环境的替代指标。

除此之外，考虑到省份区域的个体异质性和时间趋势对实证结果的影响，本书把省份个体虚拟变量和时间虚拟变量作为控制变量（control）引入模型中。本书数据来源于世界银行 WDI 数据库、各年《中国统计年鉴》和地方统计年鉴、《中国检察年鉴》以及《新中国六十年统计资料汇编》，时间跨度为 1978~2013 年。

二、不同连续减缓时期增长动力比较

（一）增长要素对经济增长的影响

表 7-3 的估计结果显示，高人力资本在各个连续增长减缓时间段内均能推动经济增长，而且结果是显著为正的，而人口红利在早期减缓时间段，对增长的作用显著为正，在后期虽也显示出对增长的促进作用，但并不显著。这表明，尽管人口红利是造就中国经济奇迹的重要推动力量，但是刘易斯拐点已经到来，作为中国经济增长重要资源禀赋的人口红利将不可避免地进入衰减期，这将会在短期内对中国经济增长造成实质性影响。但是高人力资本具有边际报酬递增的属性特征，除了作为一般生产要素之外，高人力资本更多被赋予生产知识和技术创新的内涵。同时，高人力资本的外部性特征能够有效降低产品生产的成本，提高研发部门的效率，从而成为经济长期增长的核心因素。表 7-3 第 I 部分中关于投资的回归结果显示，投资依然是驱动经济增长的重要因素，但投资对经济的影响逐渐减弱。这也反映出当前中国宏观层面上存在严重投资积压和由此带来的产能过剩问题，在微观层面上还表现为要素价格扭曲和政府对经济的过度干预。表 7-3 第 I 部分进一步考察了技术进步对增长的影响。估计结果显示，技术进步在增长减缓时间段内能显著带来经济增长动力。这表明原创性技术进步是经济增长的动力之源。本文的研究结论和张德荣（2013）的研究结论一致。他研究发现，随着技术进步水平的提高，技术进步对经济增长的边际正效应逐步提高，并且指出，对于中等偏高收入国家和高收入国家来说，原创性技术进步对经济增长的边际效应更大。

（二）制度变迁对增长的影响

表 7-3 第Ⅱ部分前 2 行考察了财政分权和金融分权变量对经济增长的影响，估计结果发现，财政分权对经济增长的影响在各个减缓时间段均显著为正，金融分权与经济增长具有显著的倒“U”型关系。这表明，虽然短期内财政分权及其推动的金融分权为金融发展提供了制度环境，在这种环境中二者的相互作用促进了经济增长，但是金融分权并没有表现出持续的增长动力。具体在 2007~2009 年增长减缓时间段内，金融分权变量系数在 5%的置信水平显著为负。这表明，中国金融分权化过程并没能释放足够的动力引致经济稳定增长，金融分权打破计划经济体制的效力经过一段时间的排放之后已经递减，开始成为阻碍经济增长的因素。第Ⅱ部分第 3 行表明对外开放度对经济增长的作用同样明显，但近期却显示出对经济增长的阻碍作用。对外开放对发展中国家经济增长的作用机制是复杂的，既包含对发展中国家资本积累的推动作用，也包含对发展中国家技术进步和管理创新的推动作用。对外开放政策促使大量国外资金、技术和管理经验被引入国内，加速中国经济发展的同时，国际经济波动也成为中国经济波动的一个重要冲击源。

（三）结构转型对增长的影响

表 7-3 的第Ⅲ部分第 1 行考察了工业化水平变量系数在前两次减缓时间段（1985~1988 年和 1995~1998 年）内对经济增长影响显著为正，这表明工业化是当时中国经济增长的引擎。第三次增长减缓阶段（2007~2009 年）的分析中，工业化对增长的作用显示为负，但并不显著。这表明，工业化对经济增长并不能释放足够的动力，不具有扭转经济增长加速下滑的力量。2010 年中国步入工业化后期，但是还处于工业化实现阶段，即使到 2020 年也仅仅走完工业化前两个阶段，工业化还需要继续深化。改革开放以来，中国加速了工业化进程，很大程度上实现了经济“赶超”，但是中国只是工业大国，还不是一个工业强国，还需要经历长期的工业化深化阶段。第Ⅲ部分第 2 行考察了产业结构转型对经济增长的影响。产业结构转型对经济增长的作用显著为正。在产业结构变迁过程中，各投入要素会从生产率低或生产率增长率低的部门转移至生产率高或生产率增长率高的部门，通过要素部门间流动促进整个社会生产率提高。这表明，在增长减缓时期，

由产业结构变迁带来的“结构红利”能对经济产生显著的增长动力。

（四）地方环境对增长的影响

表 7-3 的第Ⅳ部分考察了地方政府努力水平对经济增长的作用，检验结果显示，地方政府基于升迁目的追求经济增长绩效的努力在第一次减缓时间段（1985~1988 年）对经济增长具有显著正影响，但在第二次和第三次减缓时间段（1995~1998 年和 2007~2009 年）对经济增长具有显著的负影响。同时我们发现，地方政府追求税收收入的努力在某种程度上能推动经济增长，但作用并不显著。这可能是地方政府追求经济增长绩效的行为，在短期能显示出对增长的促进作用，但在长期却对增长动力造成损害，而地方政府追求财政税收的努力可能更多关注于对收入来源渠道的发展。表 7-3 的第Ⅳ部分还考察了地方制度环境对经济增长的作用，我们发现，用腐败衡量的地方制度环境对经济增长具有显著的负向影响。这表明，良好的地方制度环境有助于在增长减缓时期推动经济稳定增长。良好的制度环境意味着政府政务和立法透明，腐败程度低，能够为市场机制的基础性匹配提供良好的保障（Fan et al.，2013；陈志勇和陈思霞，2014），减少政府对市场的非正常干预，从而能够促进经济的稳定增长。

表 7-3　不同连续减缓阶段增长动力转换

变量		1985~1988 年	1995~1998 年	2007~2009 年
Ⅰ				
增长要素	高人力资本	0.3288*** (0.0624)	0.1994*** (0.0620)	0.8496*** (0.2088)
	人口红利		0.2038*** (0.0663)	0.0137 (0.6704)
	投资	1.5807*** (0.2994)	1.1562*** (0.2433)	0.2817* (0.1607)
	技术进步		0.1164*** (0.0158)	0.14621*** (0.0267)
Ⅱ				
制度变迁	财政分权	1.3694*** (0.0917)	0.8877** (0.2712)	3.4384*** (0.3073)

续表

变量		1985~1988 年	1995~1998 年	2007~2009 年
Ⅱ				
制度变迁	金融分权	0.0796*** (0.0047)	0.0244** (0.0080)	-0.0410** (0.0156)
	对外开放度		0.1961** (0.0678)	-0.1203** (0.0427)
Ⅲ				
经济结构转型	工业化水平	0.5925** (0.1919)	0.9814*** (0.1891)	-0.2997 (0.4328)
	产业结构转型	0.1019*** (0.0179)	0.0273*** (0.0048)	0.0044*** (0.0015)
Ⅳ				
地方环境	地方政府税收努力	-0.0121 (0.2012)	0.0529 (0.0785)	0.1228 (0.1526)
	地方政府政治晋升努力	0.3151* (0.1977)	-1.4018** (0.5898)	-1.3895** (0.6655)
	地方制度环境	-0.0309 (0.0830)	-0.4216** (0.2318)	-3.5645** (2.0422)
控制省份个体效应		√	√	√
控制时间效应		√	√	√
F		13.3500	14.6500	8.9600
Pseudo R-squared		0.3925	0.4728	0.4921

注："***""**"和"*"分别表示 1%、5%和 10%的置信水平，括号内数字为标准误。

三、处于不同收入阶段增长动力比较

依据前文对增长阶段的划分，中国各省份当前主要处于第三阶段至第五阶段，考虑对现实的指导意义，因此我们重点关注在这三个增长阶段，影响经济增长的动力源泉。具体估计结果见表 7-4。

表 7-4 第Ⅰ部分的结果显示，首先，高人力资本对经济增长的影响在三个阶段均显著，但在第三阶段显示为显著抑制经济增长，而在第四和第五增长阶段表现为显著正影响，而且影响程度逐渐增大。人口红利对增长

的影响在第三和第四阶段均显著为正。这表明，在增长收入阶段较低时，主要依靠发挥劳动力优势驱动经济增长，刻意追求高人力资本积累并不能产生经济增长动力，反而可能对经济造成损害。当经济进入较高增长阶段时，随着消费结构的调整和人口结构的改变，高人力资本对经济增长的驱动力量才较为显著。其次，投资对各个增长阶段的推动作用均显著为正，影响程度呈现出倒“U”型态势，投资因素在增长第四阶段仍然是增长动力的重要源泉，到第五阶段有所减弱，但仍然能显著推动经济增长。最后，技术进步对增长的拉动作用在增长较高阶段才有所显现，收入阶段越高，技术进步对增长的影响程度越大。由此可见，处于第三阶段的省份仍应注重劳动力优势和投资对增长的拉动作用，主要实行以资本驱动经济的增长模式。但由于当前中国劳动力成本上升压力过大，使人口红利优势发挥面临较大挑战，因此，应更多注重投资对经济的拉动作用。当经济增长达到较高阶段时，再通过注重高人力资本培育和技术进步实现增长动力机制转换，形成人力资本和知识拉动型增长模式。

表 7-4 第Ⅱ部分的结果显示，财政分权因素在各个增长阶段对增长的影响均为显著正影响，影响程度呈现出“U”型态势关系。财政分权会促使各地方政府为追求自身利益最大化而展开竞争，从而促进地区间分工和专业化发展，激励地方进行制度和技术创新，从而促进经济增长。但与此同时，地方利益分割会加剧区域发展不平衡，不利于地区间协调发展；由于信息不对称的存在，地方政府拥有的自由处置权甚至会加剧地方腐败，从而影响宏观经济稳定，对经济增长动力的促进作用会随着增长阶段的提高而逐渐减弱。表 7-4 第Ⅱ部分关于金融分权的分析结果显示，金融分权指标对第三阶段省份的增长有显著正效应，但对第四和第五阶段的省份增长影响效应为负。这表明，金融分权缓解“金融供给抑制”效应，促进经济增长的影响在收入阶段较低区域体现较为明显。对于已经进入较高增长阶段的省份来说，财政分权作为刺激经济增长的手段效果仍较为显著，可以使反映资金配置渠道转换的金融分权过程不足以对经济增长产生正向效应（马颖，2015）。这表明，金融部门在提高贷款效率方面还有很大的潜力可以挖掘，金融发展不够成熟是由于金融配置资源的潜力受到财政方面的约束，对于进入较高阶段的各个省份，应当通过进一步的市场化改革给金融发展提供更为广阔的空间，使之成为加快经济增长的另外一个途径。表 7-4 第Ⅱ部分中，对外开放度对处于第三和第四阶段省份的经济增长均

显著为正。这表明，对外开放程度的提高对各个收入阶段的增长均有显著正影响。

表 7-4 中第Ⅲ部分考察了工业化水平和产业结构转型对各个增长阶段省份增长动力的影响差异。结果显示：首先，工业化水平对较低收入阶段省份增长的促进作用显著，在 1%的置信水平下显著为正，对较高阶段省份的增长影响变为显著负影响。中国工业化过程中面临产能过剩等问题，这是中国粗放型经济发展方式和低成本工业化战略发展的结果。对于增长阶段较低的各个省份，依靠自身比较优势，通过将低成本要素集中至工业部门的工业化过程就能显著促进经济增长。但当增长处于较高阶段时，工业化对增长的抑制作用逐渐显现，亟须实现向工业强国和服务业大国的转变，原有依靠投资驱动工业化高增长模式会对增长产生阻碍，需要向效率驱动城市化稳步增长模式过渡。其次，产业结构变迁对各个收入阶段增长的影响在 1%置信水平下均显著为正，但影响程度呈现倒“U”型态势。这表明，由产业结构变迁产生的“结构红利”对经济增长的促进作用会随着增长阶段的提升，先增加后减弱。产业结构变迁过程的深化，会引起整个社会投资结构调整和消费结构的变动，容易对经济增长稳定性产生影响（干春晖等，2011）。当经济增长处于较高阶段时，作为需求侧的消费结构变动与供给侧的人力资本结构的良性互动，通过消费结构升级促进人力资本积累，优化整个社会人力资本分布是激发新的增长动力的关键。中国目前面临劳动密集型制造业亟须转型升级，同时高端产业人力资本短缺，人力资本结构和产业结构严重不匹配问题，从而使产业结构变迁对增长的促进作用逐渐减弱，对处于增长阶段较高的区域而言，这一矛盾更加凸显。

表 7-4 中第Ⅳ部分考察了地方政府努力水平和制度因素对增长动力的影响。结果显示，地方政府努力水平在增长处于较低阶段时能促进经济增长，在增长较高阶段时影响不显著。其中地方政府基于政治晋升目的追求 GDP 增长的努力水平还会对增长产生抑制作用。地方政府追求政治晋升的努力往往仅关注于经济绩效最大化，通常采用“招商引资”的方式来做大经济总量，而并不努力培育本地税源。处于工业化初期阶段的省份，企业多是采用劳动密集型或资本密集型的生产方式，这些企业的区位选择对物质生产要素成本敏感性较强，地方政府通过招商引资方式恰好契合这种生产方式特征。因此，地方政府努力水平的提高能显著促进经济增长，但当经济发展到较高阶段时，随着产业结构的调整以及要素成本变动这一模式

表 7-4　不同收入阶段增长动力转换

变量		第五阶段	第四阶段	第三阶段
Ⅰ				
增长要素	高人力资本	0.6112* (0.3855)	0.0971** (0.0424)	-0.3997* (0.2327)
	人口红利		2.7546*** (0.2872)	2.3480*** (0.4285)
	投资	0.4018** (0.1797)	1.0772*** (0.0762)	0.8257*** (0.1014)
	技术进步	0.0817*** (0.0239)	0.0389** (0.0164)	0.0043 (0.0166)
Ⅱ				
制度变迁	财政分权	1.0330*** (0.3742)	0.3744** (0.1854)	1.6953*** (0.1569)
	金融分权	-0.0102 (0.3742)	-0.0619*** (0.0060)	0.0089** (0.0043)
	对外开放度		0.4237*** (0.0420)	0.3073** (0.1731)
Ⅲ				
经济结构转型	工业化水平	0.1947 (0.3330)	-0.6965** (0.2095)	1.9482*** (1.9205)
	产业结构转型	0.0246*** (0.0023)	0.4167*** (0.0140)	0.1054*** (0.0125)
Ⅳ				
地方环境	地方政府税收努力	0.0816 (0.1441)	0.1032 (0.0937)	0.0988* (0.0658)
	地方政府政治晋升努力	-1.2560 (0.9801)	-0.4772 (0.4197)	2.1414** (0.6403)
	地方制度环境	-0.4598*** (0.1287)	-0.6757*** (0.0884)	-0.7041*** (0.1304)
控制省份个体效应		√	√	√
控制时间效应		√	√	√
F		136.7900	170.8100	116.1400
Pseudo R-squared		0.8906	0.8259	0.5708

注："***""**"和"*"分别表示 1%、5%和 10%的置信水平，括号内数字为标准误。

难以为继，从而表现出地方政府努力对经济增长不显著甚至会产生阻碍的结果。用腐败反向刻画的地方制度环境指标在收入各个阶段均显示出在1%置信水平下显著为负的结果，这表明腐败不利于经济增长，会对增长产生严重阻碍。

第八章　主要结论和政策建议

改革开放以来，中国实现了30多年经济增速维持在9%以上的水平，中国持续的高速增长吸引了世界的广泛关注。尽管如此，一些因素已经严重阻碍了中国经济的持续稳定增长，成为可能引致中国落入“中等收入陷阱”的潜在推力。中国经济能否实现持续增长对世界经济发展也有着重要的现实意义。首先，中国人口占到世界总人口的1/5，中国经济能否实现在中等收入阶段的平稳过渡关系到占世界多数人口的福利问题；其次，快速增长的中国也被视为全球经济增长的动力。2008年爆发的经济危机使作为全球引擎的发达国家暴露出很多严重的问题，如不断增加的公共债务和令人困扰的金融体系等。中国比预想中更快地从这次经济危机中恢复且实现了中长期的持续经济增长。同时，中国强劲的市场需求不仅能通过带动德国、日本等发达经济体积极输出资本品，而且能带动广大发展中国家的商品输出。同时，随着金砖国家银行、亚投行、丝路基金等跨国机构的成立与运行，中国与东南亚、中亚、西亚、拉美以及欧洲许多国家的经济联系将不断加强，中国经济实现稳定增长也会对全球经济恢复发展起到重要作用。作为世界第二大经济体的中国，已经成为危机后推动世界经济回暖的主要引擎，中国经济能否实现持续稳定增长等问题已经成为全球关注的焦点。但是，经过多年的快速经济增长，中国经济面临高速增长常态到中高速增长“新常态”的阶段性转变。2001~2012年中国经济年均增长率为10.1%，而2013年和2014年中国经济年均增长率均为7.4%，2017年GDP增长率滑落至6.9%。

第一节 基于中国经济增长阶段性特征的实证分析

理论分析表明，当一个国家跨入中等收入阶段后，如果不能实现经济的持续稳定增长，将无法实现高收入阶段的跨越，其结果会落入“中等收入陷阱”之中。这表明，一个国家的经济增长过程需要持续稳定增长阶段，对于已经跨入中等收入阶段的国家更是如此。首先，中国的产业结构变迁对经济增长的影响具有阶段性特征，对于工业产值比重来说，随着工业产值所占的比重逐渐提高，中国经济增速的可能性先增大后减小。这表明，当前应有效推进产业结构升级变迁，充分发挥产业转型与升级对经济增长的持续推动作用。其次，尽管人口红利是造就中国经济奇迹的重要推动力量，但是刘易斯拐点已经到来，作为中国经济增长重要资源禀赋的人口红利将不可避免地进入衰减期，这将会在短期内对中国经济持续稳定增长造成实质性影响。再次，随着我国改革开放的深入、市场体制的完善以及政府管制的减少，腐败的负面影响已经超过了正面影响，腐败已经成为阻碍我国经济加速增长的另一个因素。最后，收入差距、环境问题，包括居住环境、老龄化等因素也是阻碍中国经济持续稳定增长的主要因素。

针对这一部分实证分析所得结论，提出以下政策建议：首先，就产业政策而言，主要是要调整当前不合理的产业结构，积极推进制造业自身的产业升级以及向服务业的转型，大力发展知识密集型和技术密集型产业。具体而言，各地方政府应根据自身的资源禀赋优势制定适宜的产业调整政策；此外，当前我国劳动密集型制造业转型升级迫在眉睫而又面临高技能劳动力短缺的情形，劳动力结构不能很好地与产业结构相匹配。因此，政府应努力提高教育水平，短期可以通过鼓励在职培训等方式提高劳动者素质，优化劳动力结构。同时，积极推动劳动密集型制造业的发展。其次，人口结构转变带来的人口红利可以为国家和地区发展提供有利的环境，但这种转变只存在于某一发展阶段，是不可持续的。如果要充分利用人口红利对经济发展带来的好处，政府需要根据人口结构的变化调整相应的政策来延缓人口红利拐点值的到来。具体而言，中央政府应在大力提倡通过发展教育和在职培训促进劳动者技能普遍提高的同时，对人口流出较多的地区给予经济和政策扶持，增加对中西部落后地区的教育、科研投入，避免高技能劳动者的流出，优化当地的人口结构。同时，促进经济发展方式从资源消耗型逐渐转向资源节约型和环境友好型。中国不仅能源消耗量大，而且污染排放严重。传统的“高投入、低效益、高污染”以及“先污染，后治理”的增长模式，虽然短期拉动了经济增长，但是却造成资源浪费和环境污染，对经济的长期持续增长非常不利。因此，应该倡导提高能源的使用效率，大力推动环保经济和绿色经济的发展，用清洁的能源生产出质量更高的产品，同时减少废气物的排放。当经济发展到一定阶段时，人们也会增加对清洁环境和绿色产品的需求，经济发展的质量将替代经济增长的速度成为整个社会追求的目标，完成向“低投入、高效益、低污染”的集约型发展方式的转变，从而实现经济的可持续发展。最后，完善市场秩序，建立健全市场经济体系，减少经济活动中的腐败行为。政府需要进一步深化经济体制改革，形成产权明晰的现代企业制度；同时，加快对政府机构的改革，推动政府职能转变，减少阻碍市场发展的行政审批程序，实现市场秩序统一、透明和公开；进一步完善腐败预防、监督机制，将政府行政监督、社会监督和舆论监督有机结合起来，提高腐败发生成本，从根本上杜绝腐败行为的发生。与此同时，我们在注重经济发展、关注经济效率提高的同时，还要时刻警惕环境污染引发的居住环境恶化等社会问题，其不仅会影响社会稳定，也会对经济加速起到阻碍作用。因此，我们应着力推动资源节约型和环境友好型产业的发展，实现经济可持续增长，避免我国落入“中等收入陷阱”之中。

第二节　对长期经济稳定增长动力的考察

这一部分基于信息社会资本的信息共享和传递知识的内涵特征，将信息社会资本引入创新的内生增长理论模型中，挖掘信息社会资本借助其信息共享和传递知识有助于人力资本积累和引导人力资本在不同部门间的配置来激励创新和推动生产率提高的内在机制，并以此为依据分析如何通过信息社会资本积累引致经济稳定增长的具体实施路径。理论研究表明，信息社会资本投资增加会提高研发部门的效率和工资，能吸引更多个体进入研发部门，提高研发部门的人力资本比例。首先，个体会以信息社会资本为载体，利用信息社会资本搜集和获取信息的便利，促进自身人力资本积累；其次，信息社会资本投资增加使得个人接受教育更有效率，从而缩短了接受必要教育所需时间。因此，当政府主导的信息社会资本投资增加时，由于信息共享和沟通的便利，会使高能力个体进入研发部门比例提高，诱发低能力个体通过人力资本积累成为高能力群体，同时降低了进入研发部门的门槛，这内在地提高了研发部门的创新效率，为经济提供稳定增长动力。

在理论分析的基础上，本书从互联网使用率和人均电话数角度测度信息社会资本的信息共享和相互沟通程度，同时基于经济稳定增长满足的三个条件构建稳定增长的指标。最后运用我国 31 个省份 2001~2012 年的数据实证检验了信息社会资本对我国经济稳定增长的影响，并检验了信息社会资本引致经济稳定增长的作用机制。本书的实证结果与理论部分的结论是一致的，而且实证结果是稳健的。

本部分研究结论对应的政策含义是，当前中国刚跨过中等偏高收入门槛，就面临连续增长减缓，因此要加快互联网和通信基础设施建设，提高信息社会资本水平。

第三节　基于中国稳定增长动力差异的考察

经过多年的快速增长，中国经济面临高速增长常态到中高速增长“新常态”的阶段性转变。本书通过借助 Eichengreen 设定经济增长减缓需要满足的条件，基于跨国经验以及长期经济增长数据寻找经济增长路径阶段性特征。通过研究发现，成功跨入高收入阶段的国家或地区在跨越临界点前至少十年间均保持相对稳定增长，其连续增长减缓过程多集中于跨入高收入门槛之后。由于这些国家能够适时转换增长动力机制，从而实现向高收入阶段跨越。而拉美一些国家，由于错过调整增长方式、转变增长动力的最佳时机，从而陷入长期增长停滞。

当前中国刚跨过中等偏高收入门槛，2008 年即呈现增长减缓态势，

2015 年可能再次出现增长减缓拐点，这将使中国向高收入阶段的跨越变得相对困难。我们认为，在经济增长的换挡期，经济增长动力不仅仅表现在引致经济增长，关键看能否具有足够的动力引致经济长期稳定增长。同时我们发现，在不同阶段经济增长的动力是不同的。在平衡增长时期和加速增长时期，经济增长的动力因素较为相似。但在增长减缓时期，引致经济增长的动力存在差别，甚至有些因素不仅不能扭转经济持续减缓的趋势，还导致经济增长更大幅度的波动。中国经济增长进入新阶段后，由于之前经历了大规模的经济赶超，比较优势的发挥已经逐渐失去动力。因此，我们需要结合“新常态”下的经济增长阶段性特征，适时转换经济增长动力机制，迎接下一个稳定增长的关键时期。

结合本书的实证结论，提出如下建议：①虽然短期内财政分权及其推动的金融分权为金融发展提供了制度环境，并在这种环境中二者的相互作用促进了经济增长，但是金融分权并没有表现出持续的增长动力，其打破计划经济体制的效力经过一段时间后开始递减。中国分权化改革虽然有市场化改革的部分元素，但它毕竟不是成熟和完善的市场经济的产物。因此需要进一步市场化的改革，尤其是推进金融部门的改革，使之成为金融发展和经济稳定增长的动力。②良好的制度环境能够为市场机制的基础性匹配提供保障，减少政府对市场的非正常干预。同时，良好的制度环境也为地方政府指引正确的努力方向，使地方政府的绩效目标向追求经济增长质量转变，从而能够促进经济稳定增长。因此改善政府治理、抑制政府腐败依然为中国未来经济稳定增长的重要动力因素。③工业化进程内在蕴含了诸如产业结构转型、产能过剩等影响经济稳定增长的因素。中国工业经济正处于工业化后期阶段，国际经验表明工业化后期阶段是曲折和富有挑战性的，当前必须高度重视产能过剩、产业结构转型升级和“第三次工业革命”三方面问题，因此中国还需要经历长期的工业化深化阶段。2015 年两会政府工作报告中明确提出“中国制造 2025”规划，这是中国制造业在信息化基础上的“再工业化”过程，我们应抓住这一有利时机实现工业化和信息化的深度融合，在数控机械设备和智能制造装备等高端装备制造领域挖掘新的增长潜力。④随着“一带一路”和自贸区建设的推进，中国与世界经济的融合进一步加深，我们要及早防范外来风险对中国经济稳定增长带来的冲击。在经济增长的换挡期，应着力把出口依赖转换为内需依赖。本书研究结论表明，依赖出口实现经济快速增长的发展之路并不能持续。随着外围经济走弱，中国应尽快进行经济结构调整，从依赖出口到增加内需，实现包容性发展和可持续发展。⑤基于我们对各个发展阶段经济增长动力直接因素的研究和对中国目前所处发展阶段的判断，未来中国固定资本投资率的回落在所难免，人口红利将趋于消失。推动未来中国经济可持续增长的引擎是具有高人力资本环境下的技术创新。因此，这就内在地要求优化人力资本结构，提高高人力资本的占比。因此，我们需要结合“新常态”下的经济增长阶段性特征，适时转换经济增长动力机制，抓住下一个稳定增长的关键时期。

第四节　基于中国区域协调发展与增长动力差异的考察

本书对中国各省份经济增长阶段进行划分，同时借鉴艾肯格林关于增长减缓和增长加速的界定标准，对各省份增长加速和增长减缓情况进行统计描述，并对相同阶段增长表现不同的省份增长动力进行对比分析。研究发现：①整体而言，中国正处于工业化后期增长阶段，已经成功跨过中等偏高收入门槛，成为中等偏高收入国家。②中国当前面临连续增长减缓的可能，较高收入阶段省份因外向型程度较高在2007年左右已表现出连续增长减缓趋势。除西部个别经济发展较落后的省份外，中国80%的省份在2010年均出现增长减缓迹象。③中国近20%的省份已跨入第五增长阶段，人均收入高于11000美元，近似实现世界银行关于高收入经济体的界定标准。除北京市、上海市增速与整体水平持平外，其他省份增长均高于平均水平。④中国过半数省份集中在第四增长阶段，人均收入在6000~11000美元，处于中等收入偏高收入阶段。这些省份中，只有“东三省”和华北的山西省、河北省增速低于6.9%。其中辽宁和山西的增长表现最差，仅有3%左右。

同时，通过对各省份增长特征对比分析发现：①东部省份第三产业占GDP的比重均相对较高，多数已形成“三二一”产业结构模式。东部地区中发展相对落后的省份，如果能借助自身具有的人力资本结构和消费结构优势，通过消费结构调整实现人力资本结构升级，利用高人力资本积累程度较高的优势，积极发展高端制造业和现代服务业，即使面对增长下行压力较大的增长环境，仍能保持经济稳定增长。②中西部地区增长分化较为严重。东三省及山西、河北这几个能源供应和炼化大省，因长期积累的产业结构和经济结构问题，旧有产业面临产能过剩和供给侧结构性改革，没有实现产业结构转型是经济下行的主要原因。对增长收入阶段较低，增长落后的省份，应更多注重投资对增长的拉动作用。过早追求产业结构转型和不切实际地发展服务业，反而会对增长产生阻碍。

本书实证分析对中国不同连续增长减缓时期以及处于不同收入阶段省份增长动力之源进行研究。研究结果及政策建议为：①不论是以连续减缓时期各省份数据为样本，还是对处于不同收入阶段省份的增长动力因素分析均表明，中国当前仍然是以投资驱动为主的经济增长模式，投资因素在不同省份连续减缓时期都能产生显著的增长动力，但对高收入阶段省份贡献程度逐渐减小。人均收入较高的省份应着重从产业结构转型入手挖掘新的增长潜力，发展高端制造业和增加服务业占比，尤其是发展现代服务业，以人力资本为基准的现代服务业和提升广义人力资本消费是促成经济完成二次转型的两大关键引擎（张平，2016）。②处于较高收入阶段，尤其是第五阶段的省份要特别注重高人力资本和技术进步对增长的促进作用。人口红利因素在增长较低阶段对增长有显著的促进作用，但由于当前中国劳动力成本上升压力过大，使人口红利优势发挥面临较大挑战，因此，处于第三增长阶段的各个省份应更多注重投资对经济的拉动作用。当经济增长达到较高阶段时，再通过注重高人力资本培育和技术进步实现增长动力机制转换，形成人力资本和知识拉动型增长模式。③工业化水平对较低收入阶段省份增长的促进作用显著，对较高阶段省份的增长影响变为显著负影响。中国经济正处于工业化后期阶段，面临严重产能过剩问题，迫切需要通过产业结构转型挖掘新的增长潜力，向效率驱动城市化稳步增长模式过渡。④金融分权化改革缓解“金融供给抑制”效应，促进经济增长的影响在收入阶段较低区域体现较为明显。而对于已经进入较高增长阶段的省份来说，财政分权作为刺激经济增长的手段仍较为显著，使反映资金配置渠道转换的金融分权过程不足以对经济增长产生正向效应。对于进入较高阶段的各个省份，应当通过进一步的市场化改革给金融发展提供更为广阔的空间，缓解金融配置资源潜力受财政方面的约束，提高金融资源配置效率，促进整体经济增长效率提升。⑤良好的制度环境和对外开放水平能产生显著的增长动力。而地方政府努力水平虽然在短期能显示出对增长的促进作用，但在长期却对增长动力造成损害。因此，应进一步加深对外开放水平，改善政府治理，抑制政府腐败，使地方政府绩效目标向追求经济增长质量转变，为中国各省份在当前连续减缓时期挖掘新的增长潜力提供良好的制度环境。

参考文献

北京大学中国经济研究中心宏观组：《以购买力平价测算基尼系数的尝试》，《经济学季刊》2006 年第 6 卷第 1 期。

边燕杰：《城市居民社会资本的来源及作用：网络观点与调查发现》，《中国社会科学》2004 年第 3 期。

蔡昉：《中国经济如何跨越"低中等收入陷阱"?》，《中国社会科学院研究生院学报》2008 年第 1 期。

蔡昉：《未来的人口红利——中国经济增长源泉的开拓》，《中国人口科学》2009 年第 1 期。

蔡昉：《"中等收入陷阱"的理论、经验与针对性》，《经济学动态》2011 年第 12 期。

蔡昉：《避免"中等收入陷阱"：探寻中国未来的增长源泉》，社会科学文献出版社 2012 年版。

蔡昉：《理解中国经济发展的过去、现在和将来——基于一个贯通的增长理论框架》，《经济研究》2013 年第 11 期。

蔡昉：《中国经济增长如何转向全要素生产率驱动型》，《中国社会科学》2013 年第 1 期。

蔡昉、王美艳：《中国面对的收入差距现实与中等收入陷阱风险》，《中国人民大学学报》2014 年第 3 期。

陈刚、李树、尹希果：《腐败与中国经济增长：实证主义的视角》，《经济社会体制比较》2008 年第 3 期。

陈亮：《中国跨越"中等收入陷阱"的开放创新——从比较优势向竞争优势转变》，《马克思主义研究》2011 年第 3 期。

陈志勇、陈思霞：《制度质量、地方政府投资冲动与财政预算软约束》，《经济研究》2014 年第 3 期。

范飞：《家庭馈赠对医疗保险需求的影响—— 一个非正式风险分担机制的

视角》，复旦大学硕士学位论文，2008 年。
干春晖、郑若谷：《改革开放以来产业结构演进与生产率增长研究》，《中国工业经济》2009 年第 2 期。
干春晖、郑若谷、余典范：《中国产业结构变迁对经济增长和波动的影响》，《经济研究》2011 年第 5 期。
巩勋洲、尹振涛：《人口红利、财富积累与经济增长》，《中国人口科学》2008 年第 6 期。
顾琴轩、王莉红：《人力资本与社会资本对创新行为的影响——基于科研人员个体的实证研究》，《科学学研究》2009 年第 10 期。
郭金兴、胡佩选、牛牛：《中等收入陷阱的经验证据、理论逻辑及其对中国经济的启示》，《经济学动态》2014 年第 1 期。
黄群慧：《"新常态"、工业化后期与工业增长新动力》，《中国工业经济》2014 年第 10 期。
霍米·卡拉斯：《中国向高收入国家转型——避免中等收入陷阱的因应之道》，载林重庚、迈克尔·斯宾塞编著《中国经济中长期发展和转型：国际视角的思考与建议》，中信出版社 2011 年版。
贺大兴、姚洋：《社会平等、中性政府与中国经济增长》，《经济研究》2011 年第 1 期。
靳涛、陶新宇：《中国持续经济增长的阶段性动力解析与比较》，《数量经济技术经济研究》2015 年第 11 期。
江小涓、李辉：《我国地区之间实际收入差距小于名义收入差距》，《经济研究》2005 年第 9 期。
蒋震：《工业化水平、地方政府努力与土地财政：对中国土地财政的一个分析视角》，《中国工业经济》2014 年第 10 期。
阚大学、罗良文：《腐败与经济增长的关系实证研究——基于多国面板数据的分析》，《经济管理》2010 年第 1 期。
厉以宁：《论"中等收入陷阱"》，《经济学动态》2012 年第 12 期。
李小平、卢现祥：《中国制造业结构变动和生产率增长》，《世界经济》2007 年第 5 期。
李国璋、陈宏伟、郭鹏：《中国经济增长与腐败的库兹涅茨曲线效应——实证视角的检验》，《财贸研究》2010 年第 1 期。
李猛：《中国经济减速之源：1952~2011 年》，《中国人口科学》2013 年第 1 期。

李静、楠玉:《中国经济稳增长难题：人力资本错配及其解决途径》,《经济研究》2017 年第 3 期。

李静、楠玉:《中国经济增长减缓与稳定增长动力》,《中国人口科学》2015 年第 3 期。

李静、楠玉:《中国经济增长 1952~2013：加速或减缓》,《财经科学》2015 年第 7 期。

李刚:《“中等收入陷阱”与中国现实》,《中国经济问题》2012 年第 5 期。

刘长生、简玉峰:《社会资本、人力资本与内生经济增长》,《财贸研究》2009 年第 2 期。

刘伟、张辉:《中国经济增长中的产业结构变迁和技术进步》,《经济研究》2008 年第 11 期。

刘伟:《突破“中等收入陷阱”的关键在于转变发展方式》,《上海行政学院学报》2011 年第 1 期。

刘方棫、李振明:《跨越“中等收入陷阱”，促进收入可持续增长》,《消费经济》2010 年第 12 期。

陆铭、陈钊、万广华:《因患寡，而患不均——中国的收入差距、投资、教育和经济增长的相互作用》,《经济研究》2005 年第 12 期。

卢燕平:《社会资本与我国经济和谐发展》,《统计研究》2007 年第 10 期。

吕铁:《制造业结构变化对生产率增长的影响研究》,《管理世界》2002 年第 2 期。

马晓河:《迈过“中等收入陷阱”的结构转型——国际经验教训与中国挑战》,《农村经济》2011 年第 4 期。

马岩:《我国面对中等收入陷阱的挑战及对策》,《经济学动态》2009 年第 7 期。

马颖、陈波:《改革开放以来中国经济体制改革、金融发展与经济增长》,《经济评论》2009 年第 1 期。

马颖、李静、陈波:《中国财政分权、金融发展、工业化与经济增长的省际差异》,《经济理论与经济管理》2015 年第 2 期。

米增渝、刘霞辉、刘穷志:《经济增长与收入不平等：财政均衡激励政策研究》,《经济研究》2012 年第 12 期。

楠玉、刘霞辉:《中国区域增长动力差异与持续稳定增长》,《经济学动态》2017 年第 3 期。

楠玉、袁富华、张平：《新时代中国区域协调发展与迈向中高端研究》，《经济体制改革》2018 年第 2 期。
楠玉、李静:《交通规模扩张稳定增长的内在机制——基于人力资本匹配的视角》，《当代经济科学》2018 年第 5 期。
楠玉、袁富华、张平:《论当前我国全要素生产率的提升路径》，《上海经济研究》2017 年第 3 期。
楠玉、袁富华、张平：《中国经济增长跨越与迈向中高端》，《经济学家》2018 年第 3 期。
楠玉:《长期经济增长的趋势与动力研究》，武汉大学博士学位论文，2015 年。
青木昌彦：《飞雁式制度变迁》，《比较》2002 年第 1 期。
宋艳伟:《民营经济发展与“腐败有效论”的检验》，《经济问题》2009 年第 6 期。
宋圭武：《谨防“中等收入陷阱”》，《中国发展观察》2010 年第 9 期。
沈坤荣、滕永乐：《“结构性”减速下的中国经济增长》，《经济学家》2013 年第 8 期。
谭崇台主编：《发展经济学概论》，武汉大学出版社 2001 年版。
汪同三、蔡跃洲：《改革开放以来收入分配对资本积累及投资结构的影响》，《中国社会科学》2006 年第 1 期。
王少平、欧阳志刚：《我国城乡收入差距的度量及其对经济增长的效应》，《经济研究》2007 年第 10 期。
王丰、安德鲁·梅森:《中国经济转型过程中的人口因素》，《中国人口科学》2006 年第 3 期。
王德文、蔡昉、张学辉:《人口转变的储蓄效应和增长效应——论中国可持续性的人口因素》，《人口研究》2004 年第 5 期。
王霄、胡军：《社会资本结构与中小企业创新—— 一项基于结构方程模型的实证研究》，《管理世界》2005 年第 7 期。
韦影:《企业社会资本与技术创新：基于吸收能力的实证研究》，《中国工业经济》2007 年第 9 期。
吴敬琏：《中国增长模式抉择》，上海远东出版社 2008 年版。
巫和懋、冯仕亮：《人力资本投资与跨越“中等收入陷阱”》，《当代财经》2014 年第 8 期。
肖丹丹、陈进:《“中等收入陷阱”风险规避研究：人力资本的视角》，《当代经济管理》2013 年第 4 期。
尹恒、龚六堂、邹恒甫：《收入分配不平等与经济增长：回到库兹涅茨假说》，《经济研究》2005 年第 4 期。
尹银、周俊山：《人口红利在中国经济增长中的作用——基于省级面板数据的研究》，《南开经济研究》2012 年第 2 期。
严成樑：《社会资本、创新与长期经济增长》，《经济研究》2012 年第 11 期。
杨宇、沈坤荣：《社会资本、制度与经济增长——基于中国省级面板数据的实证研究》，《制度经济学研究》2010 年第 2 期。
姚洋：《发展经济学》，北京大学出版社 2013 年版。
袁富华、张平、刘霞辉、楠玉：《增长跨越：经济结构服务化、知识过程和效率模式重塑》，《经济研究》2016 年第 10 期。
袁富华：《长期增长过程的“结构性加速”与“结构性减速”：一种解释》，《经济研究》2012 年第 3 期。
张爽、陆铭、章元：《社会资本的作用随市场化进程减弱还是加强？——来自中国农村贫困的实证研究》，《经济学季刊》2007 年第 2 期。
张德荣：《“中等收入陷阱”发生机理与中国经济增长的阶段性动力》，《经济研究》2013 年第 9 期。
张平、楠玉：《改革开放 40 年中国经济增长与结构变革》，《中国经济学人》2018 年第 1 期。
张平、王宏淼：《中国转向“结构均衡增长”的战略要点和政策选择》，《国际经济评论》2010 年第 6 期。
张平：《中国经济“新常态”与减速治理——2015 年经济展望》，《现代经济探讨》2015 年第 1 期。
张平：《“十三五”中国经济二次转型——2016 年中国经济展望》，《现代经济探讨》2016 年第 1 期。
张自然、刘霞辉、楠玉：《中国经济增长蓝皮书（2015~2016）——结构性改革与经济二次转型》总报告——《宏观经济平稳，再探中国效率模式和区域发展》，社会科学文献出版社 2016 年版。
张自然、袁富华、张平、楠玉：《中国经济增长蓝皮书（2016~2017）——供给侧结构性改革与迈向中高端》，社会科学文献出版社 2017 年版。
张飞、全毅：《避免“中等收入陷阱”的国际比较》，《亚太经济》2012 年第 1 期。

张林秀、易红梅、罗仁福、刘承芳、史耀疆、斯科特·罗斯高：《中等收入陷阱的人力资本根源：中国案例》，《中国人民大学学报》2014 年第 3 期。
赵剑治、陆铭：《关系对农村收入差距的影响及其地区差异—— 一项基于回归的分解》，复旦大学工作论文，2008 年。
郑秉文：《"中等收入陷阱"与中国发展道路——基于国际经验教训的视角》，《中国人口科学》2011 年第 1 期。
周浩、郑筱婷：《交通基础设施质量与经济增长：来自中国铁路提速的证据》，《世界经济》2012 年第 1 期。
周黎安、陶靖：《政府规模、市场化与地区腐败问题研究》，《经济研究》2009 年第 9 期。
邹薇、楠玉：《各国经济增长中的"中等收入陷阱"》，《武汉科技大学学报》（社会科学版）2016 年第 5 期。
邹薇、楠玉：《阻碍中国经济加速增长之源：1960~2012 年》，《经济理论与经济管理》2015 年第 4 期。
邹薇、楠玉：《信息社会资本与区域收入差距的收敛性——中国的实证分析》，《学习与实践》2013 年第 12 期。
中国经济增长前沿课题组：《中国经济长期增长路径、效率与潜在增长水平》，《经济研究》2012 年第 11 期。
中国经济增长前沿课题组：《中国经济转型的结构性特征、风险与效率提升路径》，《经济研究》2013 年第 10 期。
中国经济增长前沿课题组：《中国经济增长的低效率冲击与减速治理》，《经济研究》2014 年第 12 期。
中国经济增长前沿课题组：《突破经济增长减速的新要素供给理论、体制与政策选择》，《经济研究》2015 年第 11 期。
Abiad，A.，Bluedorn，J.，" Guajardo and P. Topalova"，World Economic Outlook，Washington：International Monetary Fund，October 2012.
Acemoglu，D.，"Training and Innovation in an Imperfect Labor Market"，Review of Economic Studies，Vol.64，No.3，1997，pp. 445-464.
Acemoglu Daron，Simon Johnson，James A.Robinson，" Reversal of Fortune：Geography and Institutions in the Making of the Modern World Income Distribution"，Quarterly Journal of Economics，Vol.117，No.4，2002，pp. 1231-1294.

Acemoglu, D., "Institutions as a Fundamental Cause of Long-Run Growth", In Handbook of Economic Growth, Chapter, 6, 2005.

Acemoglu, D., Aghion, P., Bursztyn, L., Hemous, D., "The Environment and Directed Technical Change", NBER Working Paper, 2009.

Agenor, P., O. Canuto, "Middle-Income Growth Traps", Policy Research Working Paper, No.6210, 2012.

Aghion, Philippe, Eve Caroli, Cecilia García-Peñalosa, "Inequality and Economic Growth: The Perspective of the New Growth Theories", Journal of Economic Literature, Vol.37, No.4, 1999, pp. 1615-1660.

Aiyar, S., et al., "Growth Slowdowns and the Middle-Income Trap", IMF Working Paper, WP/13/71, 2013.

Akcomak, S., B. Weel, "Social Capital, Innovation and Growth: Evidence from Europe", European Economic Review, Vol.42, 2009, pp. 544-567.

Alesina, A., D. Rodrik, "Distributional Politics and Economic Growth", Quarterly Journal of Economics, Vol.109, 1994, pp. 465-490.

Antman, F., D. J. Mckenzie, "Poverty Traps and Non-linear Income Dynamics with Measurement Error and Individual Heterogeneity", Policy Research Working Paper WPS3764, Washington DC: The World Bank, 2005.

Aoki, Masahiko, "The Five-phases of Economic Development and Institutional Evolution in China and Japan", Presidential Lecture at the XVIth World Conference of the International Economic Association, Beijing, 2011, July4th.

Arin, K. P., C. Viera, F. Eberhard, W. Ansgaer, "Why are Corrupt Countries Less Successful in Consolidating their Budgets", Journal of Public Economics, Vol.95, 2011, pp. 624-530.

Asian Development Bank, "The Future of Growth in Asia", Asian Economic Outlook (October), 2010, pp. 37-89.

Azariadis, Costas, Allan Drazen, "Threshold Externalities In Economic Developmet", The Quarterly Journal of Economics, Vol.105, No.2, 1990, pp. 501-526.

Azariadis, Costas, "The Theory of Poverty Traps: What Have We Learned?"

In Bowles, S., Durlauf, S. & Hoff, K. (ed.), Poverty Traps, Princeton University Press, 2006.

Azariadis, Costas, Stachurski, "Poverty Traps. In: Aghion and Durlauf (eds.)", Handbook of Economic Growth, Vol.1 A. Elsevier, Amsterdam, 2005.

Barro, R., X. Sala -i -Martin, "Public Finance in Models of Economic Growth", The Review of Economic Studies, Vol.59, No.4, 1992, pp. 645-661.

Barro, R. J., "Determinants of Economic Growth: A Cross-Country Empirical Study", MIT Press, Cambridge, MA, 1997.

Barro, R. J., "Inequality and Growth in a Panel of Countries", Journal of Economic Growth, Vol.5, No.1, 2000, pp. 87-120.

Barreto R. A., "Endogenous Corruption in a Neoclassical Growth Model", European Economic Review, Vol.44, 2000, pp. 35-60.

Bardhan, Pranab, "Corruption and Development: A Review of Issues", Journal of Economic Literature, Vol.35, No.3, 1997, pp. 1320-1346.

Becker P., Maher M. W., "A Comparion of Bribery and Bidding in Thin Markets", Economic Letters, Vol.20, 1986, pp. 1-5.

Benabou, R., "Inequality and Growth", NBER Working Papers, No.5658, 1996.

Benhabib, Jess, Aldo Rustichini, "Social Conflict and Growth", Journal of Economic Growth, Vol.1, No.1, 1996, pp. 125-142.

Berg, A., Ostry, J., J. Zettelmeyer, "What Makes Growth Sustained?" Journal of Development Economics, Vol.98, No.2, 2012, pp. 149-166.

Berg J., "Escaping the Middle Income Trap by Moving Up the Technology Ladder? An Empirical Investigation", Master Thesis of Erasmus University Rotterdam, 2013.

Ben -David, David Papell, "Slowdowns and Meltdowns: Postwar Growth Evidence from 74 Countries", Review of Economics and Statistics, Vol.80, 1998, pp. 561-571.

Bhagwati J. N., "Directly Unproductive, Profit-Seeking (DUP) Activities", Journal of Politcial Economy, Vol.90, No.5, 1982, pp. 988-1002.

Bloom, D. E., David Canning, Jaypee Sevilla., "The Demographic Dividend: A

New Perspective on the Economic Consequences of Population Change", RAND, 1998.

Black, F., "Uniqueness of the Price Level in Monetary Growth Models with Rational Expectations", Journal of Economic Theory, Vol.7, 1974, pp. 53-65.

Blanchard, O. J., Kahn, C. M., "The Solution of Linear Difference Models under Rational Expectation", Econometrica, Vol.48, 1980, pp. 1305-1311.

Blanchard, Olivier, Simon, John, "The Long and Large Decline in U. S. Output Volatility", Brookings Papers on Economic Activity, Vol.1, 2001, pp. 135-174.

Bond Stephen, Anke Hoeffler, Jonathan Temple, " GMM Estimation of Empirical Growth Models", CEPR Discussion Paper, No.13048, 2001.

Bovenberg, A. Lans, Sjak A. Smulders, "Transitional Impacts of Environmental Policy in an Endogenous Growth Model", International Economic Review, Vol.37, No.4, 1996, pp. 861-893.

Braguinsky I. S., "Corruption and Schumpeterian Growth in Different Economic Environments", Contemporary Economic Policy, Vol.14, No.7, 1996, pp. 14-25.

Bray, M., Savin, N. E., "Rational Expectations Equilibria, Learning and Model Specification", Econometrica, Vol.54, 1986, pp. 1129-1160.

Buiter, W. H., "Saddle point Problems in Continuous Time Rational Expectations Models: A General Method and Some Macroeconomic Examples", Econometrica, Vol.52, 1984, pp. 665-680.

Cai, Fang, Wang Dewen, "China's Demographic Transition: Implication for Growth. in Garnaut and Song (eds) The China Boom and Its Discontents", Canberra: Asia Pacific Press, 2005.

Carte, M. R., C. B. Barrett, "The Economics of Poverty Traps and Persistent Poverty: An Asset -based Approach", The Journal of Development Studies, Vol.42, No.2, 2006.

Chenery, H. B., S. Robinson, M. Syrquin, "Industrialization and Growth, A Comparative Study", Journal of Comparative Economics, Vol.13, 1989, pp. 591- 596.

Chou, Y., "Three Simple Models of Social Capital and Economic Growth", Journal of Socio-economics, Vol.35, 2006, pp. 889-912.

Coleman, J., "Social Capital in the Creation of Human Capital", American Journal of Sociology, Vol.94, 1988, pp. 95-120.

Cook, Sarah, "Structural Change, Growth and Poverty Reduction in Asia: Pathways to Inclusive Developemental", Development Policy Review, 24, 2006.

Davidson R., J. G. MacKinnon, "Estimation and Inference in Econometrics", New York: Oxford University Press, 1993.

David de la Croix, Matthias Doepke, "Public versus Private Education When Differential Fertility Matters", Journal of Development Economics, Vol.73, No.2, 2004, pp. 607-629.

Deng, W., Y. Lin, J. Gong, "A Smooth Coefficient Quintile Regression Approach to the Social Capital-economic Growth Nexus", Economic Mode-ling, Vol. 25, 2012, pp. 185-197.

Durlauf, Steven N., Marcel Fafchamps, "Social Capital. University of Wisconsin", Working Paper, 2004.

Durlauf, S., M. Fafchamps, "Social Capital", Handbook of Economic Growth Volume 1B. Edited by Philippe Aghion and Steven N. Durlauf, 2005.

Durlauf, Steven N., "Groups, Social Influences and Inquality", In: S. Bowles et al. (2006).

Easterly, W., S. Fischer, "Inflation and the Poor", Journal of Money, Credit and Banking, Vol.33, No.2, 2001, pp. 160-178.

Eeckhout, J., Jovanovic, B., "Occupational Choice and Development", Jour-nal of Economic Theory, Vol.147, No.2, 2007, pp. 657-683.

Egawa, A., "Will Income Inequality Cause a Middle-Income Trap in Asia?", Bruegel Working Paper, No.2013/06.

Eggers, A., Y. Ioannides, "The Role of Output Composition in the Stabili-zation of US Output Growth". J. ournal of Macroeconomics, Vol.28, 2006, pp. 585-595.

Eichengreen, B., Yeongseop R., Hui Tong, "The Impact of China on the Exports of Other Asian Countries", National Bureau of Economic Research

Working Papers, No.10768, 2004.

Eichengreen Barry, Donghyun Park, Kwanho Shin, "When Fast Growing Economics Slow Down: International Evidence and Implications for the People's Republic of China", NBER Working Papers Series 16919, Asian Development Bank, 2011.

Eichengreen Barry, Donghyun Park, Kwanho Shin, "When Fast Economies Slow Down: International Evidence and Implicationa for China", Asian Economic Papers, Vol.11, 2012, pp. 42-87.

Eichengreen Barry, Donghyun Park, Kwanho Shin, "Growth Slowdowns Redux: New Evidence on the Middle-Income Trap", NBER Working Paper, No.18673, Issued in January, 2013.

Fan, P. H., T. J. Wong, T. Zhang, "Institutions and Organizational Structure: The Case of State-owned Corporate Pyramids", Working Paper, The Chinese University of Hong-Kong, 2009.

Felipe, J., Abdon, A., U. Kumar, "Tracking the Middle-Income Trap: What is it, Who is in it, and Why?", Levy Economics Institute of Bard College Working Paper, No.715, 2012.

Fishman, Avi Simhon, "The Division of Labor, Inequality and Growth", Journal of Economic Growth, Vol.7, No.2, 2002, pp. 117-136.

Forbes, K., "A Reassessment of the Relationship Between Inequality and Economic Growth", American Economic Review, Vol.90, 2000, pp. 869-887.

Frank, M. W., "Income Inequality and Economic Growth in the U. S.: A Panel Cointegration Approach", SHSU Economics & Intl. Business Working Paper No.SHSU_ECO_WP05-03, 2005.

Galor, Oded, Omer Moav, "From Physical to Human Capital Accumulation: Inequality in the Process of Development", Review of Economic Studies, Vol.74, No.4, 2004, pp. 1001-1026.

Gill, I. S., H. J. Kharas, "An East Asian Renaissance: Ideas for Economic Growth", World Bank, No. 39986, 2007.

Grootaert, Christian, "Local Institution, Poverty, and Household Welfare in Bolivia", World Bank Policy Research Working Paper, No.2644, 2001.

Grootaert, Christian, Gi-Taik Oh, Anand Swamy, "Social Capital, Household

Welfare and Poverty in Burkina Faso", Journal of African Economies, Oxford University Press, Vol.11, No.3, 2002, pp. 4-38.

Guiso, L., P. Sapienza, L. Zingales, "The Role of Social Capital in Financial Development", American Economic Review, Vol.94, 2004, pp. 526-556.

Habib M., Zurawicki L., "Corruption and Foreign Direct Investment", Journal of Internaitonal Business Studies, Vol.33, No.2, 2002, pp. 291-307.

Hansen, G. D., E. Prescott, " Malthus to Solow", American Economic Review, Vol.92, 2002, pp. 1205-1217.

Hausmann Ricardo, L. Pritchett, Dani Rodrik, " Growth Accelerations", Journal of Economic Growth, Vol.10, 2005, pp. 303-329.

Hausmann R., Francisco Rodriguez, Rodrigo Wagner, "Growth Collapses", in Carmen Reinhart Carlos Vegh and Andres Velasco (eds), Money, Crises and Transition, Cambridge, Mass: MIT Press, 2008, pp. 376-428.

Hayashi, F., Prescott, E. C., "The 1990s in Japan: A Lost Decade", Review of Economic Dynamics, Vol.5, No.1, 2002, pp. 206-235.

Herrendorf, B., Rogerson, R., Valentinyi, A., " Growth and Structural Transformation", NBER.18996, 2013.

Hoff, K., Sen, A., "The Kin System as a Poverty Trap", in Bowles, S. Durlauf, S. and Hoff, K. (ed.), Poverty Traps, Princeton University Press, 2004.

Hongyi Li, Hengfu Zou, " Income Inequality is Not Harmful for Growth: Theory, Evidence", Review of Development Economics, Vol.2, No.3, 1998, pp. 318-334.

Huntington S. P., " Political Order in Changing Societis", New Haven and London: Yale University Press, 1968.

Im, F. G., D. Rosenblatt, " Middle -Income Traps: A Conceptual and Empirical Survey", Policy Research Paper, the World Bank, No. 6594, 2013.

Ishise, H., Y. Sawada, "Aggregate Returns to Social Capital: Estimates Based on the Augmented Augmented -Solow Model", Journal of Macroecono -mics, Vol.31, 2009, pp. 376-393.

Jalan, J., M. Ravallion, "Household Income Dynamics in Rural China", In

S. Dercon (eds.) Insurance Against Poverty, Oxford: Oxford University Press, 2004, pp. 107-123.

Jesus Felipe, Aruelyn Abdon, Utsav Kumar, "Tracking the Middle-Income Trap: What is it, Who is in it, and Why?" Working Paper, No.715, Levy Economics Institute of Bard College, April, 2012.

Jones, C. I., "R&D-based Models of Economic Growth", Journal of Political Economy, Vol.103, 1995, pp. 759-784.

Kaufmann D., Kraay, Aart, Mastruzzi, Massimo, "Government Matters VI: Governance Indicators for 1996-2006", World Bank Policy Research Working Paper, No.4280, 2007.

Knack, S., P. Keefer, "Does Social Capital Have an Economic Pay-off? -A Cross-Country Investigation". Quarterly Journal of Economics, Vol.112, No.4, 1997, pp. 1251-1288.

Kremer, M., "The O-ring Theory of Economic Development", Quarterly Journal of Economics, Vol.108, No.3, 1993, pp. 551-575.

Krugman, P., "The Myth of Asia's Miracle", Journal of Foreign Affair, Vol. 73, No.6, 1994, pp. 62-78.

Kuijs, Louis, "China through 2020-A Macroeconomic Scenario", World Bank China Research Working Paper, No.9, 2010.

Landry, R., N. Amara, M. Lamari, "Does Social Capital Determine Innovation: To What Extent?" Technological Forecasting and Social Change, Vol.69, 2002, pp. 681-701.

Laursen, K., F. Masciarelli, A. Prencipe, "Regions Matter: How Localized Social Capital Affects Innovation and External Knowledge Acquisition", Organization Science, Vol.23, 2012, pp. 177-193.

Lee, Ronald, Andrew Mason, "What is the Demographic Dividend?" Finance and Development, Vol.43, No.3, 2006.

Leff N. H., "Economic Development through Bureaucratic Corruption", The American Behavioral Scientist, Vol.6, No.8, 1964, pp. 125-143.

Leibenstein, H., "Economic Backwardness and Economic Growth", New York: Wiley, 1957.

Lewis, W. A., "Economic Development with Unlimited Supplies of Labor",

The Manchester School, Vol.22, 1955, pp. 139-191.

Lin, J. Y., Vo Treichel, "Learning from China's Rise to Escape the Middle Income Trap: A New Structural Economics Approach to Latin America", Policy Research Working Paper, No.6165, 2012.

Lui T. F., "An Equilirbrium Queuing Model of Bribery", Journal of Political Economy, Vol.93, No.4, 1985, pp. 760-781.

Lui F. T., "Three Aspects of Corruption. Contemporary Economic Poliy", Vol. 14, No.3, 1996, pp. 26-29.

Lucas, R. E., "On the Mechanism of Economic Development", Journal of Monetary Economics, Vol.22, 1988, pp. 3-42.

Maddison, A., "The World Economy: Historical Statistics", Paris: OECD, 2003.

Markandya, A., Pedroso, S., Streimikiene, D., "Energy Efficiency in Transition Economies: Is there Convergence towards the EU Average?" Fondazione Eni Enrico Mattei (FEEM) Working Paper, No.89, 2004.

Mankiw, G., D. Romer, D. Weil, "A Contribution to the Empirics of Economic Growth", Quarterly Journal of Economics, Vol.107, 1992, pp. 407-439.

Matsuyama, K., "Increasing Returns, Industrialization, and Indeterminacy of Equilibrium", The Quarterly Journal of Economics, Vol.106, No.2, 1991, pp. 617- 650.

Matsuyama, K., "Poverty Traps", in L. Blume, S. Durlauf (eds.), "The New Palgrave Dictionary of Economics", 2ed, Palgrave Macmillan, 2005.

McCafferty, S. A., Driskill, R., "Problems of Existence and Uniqueness in Nonlinear Rational Expectations Models", Econometrica, Vol.48, 1980, pp. 1313-1317.

Mehlum, Moene, Torvik, "Crime Induced Poverty Traps", Journal of Development Economics, Vol.77, 2005, pp. 325-340.

Mironov, Maxim, "Bad Corruption, Good Corruption and Growth", Graduate School of Business, University of Chicago, Novermber, 2005.

Mitchell, B. R., "International Historical Statistics (6th ed): 1750-2005", New York, Palgrave Macmillan, 2007.

Murphy, Kevin M., Andrei Schleifer, Robert W.Vishny, " Industrialization and the Big Push", Journal of Political Economy, Vol.97, No.5, 1989b, pp. 1003-1025.

Murphy K. M., Shleifer A., Vishny R. W., "Why is Rent-Seeking so Costly to Growth", The American Economic Review, Vol.83, No.2, 1993, pp. 409-414.

Myrdal, Gunnar, "Economic Theory and Under-developed Regions", London: Duck-worth, 1957.

Narayan, D., L. Pritchett, " Cents and Sociability -Household Income and Social Capital in Rural Tanzania", Policy Research Working Paper, No. 1796, Washington, D.C., World Bank, 1997.

Nelson, P. R., "A Theory of the Low-Level Equilibrium Trap in Underdeveloped Economies", American Economic Review, Vol.46, 1956, pp. 894-908.

Nicoletta Batini, Tim Callen, Warwick Mckibbin, " The Global Impact of Demographic Change", IMF Working Paper, 2006.

North, Douglass C., "Institutions, Institutional Change and Economic Performance", Cambridge University Press, 1990.

Nurkse, R., " Problems of Capital Formation in Underdeveloped Countries", New York: Oxford University Press, 1953.

Ohno, K., "Overcoming the Middle Income Trap: The Challenge for East Asian High Performances", Three Policy Discussion Papers, http: //www.grips.ac.jp/forume, 2009.

Ohno, K., " Avoiding the Middle-Income Trap: Renovating Industrial Policy Formulation in Vietnam", ASEAN Economic Bulletin, Vol.26, No.1, 2009, pp. 25-43.

Perotti, R., " Growth, Income Distribution and Democracy: What the Data Say", Journal of Economic Growth, Vol.1, No.2, 1996, pp. 149-187.

Persson, T., G. Tabellini, " Is Inequality Harmful for Growth? Theory and Evidence", American Economic Review, Vol.84, 1994, pp. 600-621.

Partridge, M., " Is Inequality Harmful for Growth? Comment", American Economic Review, Vol.87, 1997, pp. 1019-1032.

Panizza, U., "Income Inequality and Economic Growth: Evidence from American

Data", Journal of Economic Growth, Vol.7, 2002, pp. 25-41.

Penn World Table 8.0, "The Center for International Comparisons", University of Pennsylvania, https: //pwt.sas.upenn.edu/ php_site/ pwt_index.php, 2013.

Perez-Sebastian, Fidel, "Public Support to Innovation and Imitation in a Non-Scale Growth Model", Journal of Economic Dynamics and Control, Vol. 31, 2007, pp. 3791-3821.

Pellegrini L., Gerlagh R., "Corruption's Effects on Growth and Its Transmission Channels". Kyklos, Vol.57, No.3, 2004, pp. 429-456.

Peneder M., "Structral Change and Aggregate Growth", WIFO Working Paper, Austrian Institute of Economic Research, Vienna, 2002.

Pritchett, Lant, "Understanding Patterns of Economic Growth: Searching for Hills among Plateaus, Mountains and Plains", World Bank Economic Review, Vol.14, 2000, pp. 221-250.

Putnam, R., R. Leonardi, R. Nanetti, "Making Democracy Working: Civic Tradition and Modern Italy", Princeton: Princeton University Press, 1993.

Quah, D., "Galton's Fallacy and Tests of the Convergence Hypothesis", Scandinavian Journal of Economics, Vol.95, No.4, 1993, pp. 427-443.

Reddy, Sanjay, Camelia Miniou, "Real Income Stagnation of Countries, 1960-2001". Journal of Development Studies, Vol.45, No.1, 2009, pp. 1-23.

Rock M. T., Bonnett H., "The Comparative Politics of Corruption: Accounting for the East Asian Paradox in Empirical Studies of Corruption, Growth and Investment", World Development, Vol.32, No.6, 2004, pp. 999-1017.

Rodrik, Dani, "Where Did All the Growth Go? External Shocks, Social Conflict and Growth Collapses", Journal of Economic Growth, Vol.4, 1999, pp. 385-412.

Romer, P., "Increasing Returns and Long-run Growth", Journal of Political Economy, Vol.94, 1986, pp. 1002-1037.

Romer, P., "Endogenous Technological Change", Journal of Political Economy, Vol.98, 1990, pp. S71-S102.

Rosenstein-Rodan, Paul., "Problems of Industrialization of Eastern and Southeast Europe", Economic Journal, Vol.53, 1943, pp. 202-211.

Sabatini, "The Empirics of Social Capital and Economic Development: A Critical Perspective", Fondazione Eni Enrico Mattei, Working Paper, 2006.

Samuel Bowles, Steven Durlauf, Karla Hoff, eds, "Poverty Traps", Princeton and New York: Princeton University Press and Russell Sage Foundation, 2006.

Sampson R.J., Morenoff J., "Durable Inequality: spatial Dynamics, Social Processes, and the Persistence of Poverty in Chicago Neighborhoods." In: Bowles S, Durlauf SN, Hoff K (eds) Ethnicity and Causal Mechanisms. Cambridge University Press, New York, 2006.

Selden, T. and D. Song, "Environmental Quality and Development: Is There a Kuznets Curve for Air Pollution Emissions?" Journal of Environmental Economics and Management, Vol.27, 1994, pp. 147-162.

Simon, J., "Theory of Population and Economic Growth", Oxford: Basil Blackwell, 1986.

Shekhar Aiyar, Romain Duval, Damien Puy, Yiqun Wu, Longmei Zhang, "Growth Slowdown and the Middle-Income Trap", International Monetary Fund Working Paper, 2013, pp. 13-71.

Shleifer A., Vishny R. W., "Corruption", Quarterly Journal of Economics, Vol. 108, No.3, 1993, pp. 599-618.

Spence, M., "The Next Convergence: The Future of Economic Growth in a Multispeed World", Farrar, Straus and Giroux: New York, 2011.

Stockman, A., "Sectoral and National Aggregate Distribution to Industrial Output in Seven European Countries", Journal of Monetary Economics, Vol.21, 1988, pp. 387-409.

Stokey, Nancy L., "Are There Limits to Growth?" International Economic Review, Vol.39, No.1, 1998, pp. 1-31.

Tanzi V., "Corruption Around the World: Causes, Consequences, Scope, and Cures", Staff Papers, International Monetary Fund, Vol.45, No.4, 1998, pp. 559-594.

Tanzi V., Davoodi, Hamid, "Corruption, Growth and Public Finance", IMF Working Paper, No.00/182, 2000.

Taylor, J. B., "Conditions for Unique Solutions in Stochastic Macroeconomic

Model", American Economic Review, Vol.69, 1980, pp. 108-113.

Tahvonen, Olli, Kuuluvainen, Jari, "Economic Growth, Pollution and Renewable Resources", Journal of Environmental Economics and Management, Vol.24, No.2, 1993, pp. 101-118.

Temple, J., and P. Johnson, "Social Capability and Economic Growth", Quarterly Journal of Economics, Vol.113, 1998, pp. 967-990.

Tho, T. V., "The Middle-Income Trap: Issues for Members of the Association of Southeast Asian Nations", ADBI Working Paper Series, No.421, 2013.

Tsehay, A. S., S. Bauer, "Poverty and Vulnerability Dynamics: Empirical Evidence from Smallholders in Northern Highlands of Ethiopia", Quarterly Journal of International Agriculture, Vol.51, No.4, 2012, pp. 301-332.

UNIDO, "Breaking In and Moving Up: New Industrial Challenges for the Bottom Billion and the Middle-Income Countries", Industrial Development Report, United Nations (Vienna: 2009).

Vandenberg, P., J. Zhuang, "How can China Avoid the Middle-Income Trap?" Asia Development Bank, 2011.

Wang Feng and Andrew Mason, "Demographic Dividend and Prospects for Economic Development in China", UN Expert Meeting on Social and Economic Implications of Changing Population Strutures, Mexico City, 2005.

Wei L., "Corruption During the Economic Transition in China", Working Paper, Darden Graduate School of Business Administration, University of Virginia, 2001.

Weigast, "Federalism as a Commitment to Perserving Market Incentives", The Journal of Economics Perspectives, Vol.11, No.4, 1997, pp. 83-92.

Woo, W. T., "China Meets the Middle Income Trap: The Large Potholes in the Road to Catch Up", Journal of Chinese Economic and Business Studies, Vol.10, No.4, 2012, pp. 313-336.

Wu, Y., "Productivity, Economic Growth and Middle Income Traps: Implications for China", Working Paper, Business School of University of Western Austrialia, 2013.

Woodridge, J., "Econometric Analysis of Cross Section and Panel Data", Cambridge, MA: The MIT Press, 2003.

World Development Report, "Conflict, Security and Development", http://open knowledge.worldbank.org/hand/10986/4389, World Bank, 2011.

World Bank, "China 2030: Building a Modern, Harmonious, and Creative High-Income Society", World Bank (Washington DC), 2012.

Yusuf, S., K. Nabeshima, "Can Malaysia Escape the Middle Income Trap?" A Strategy for Penang Policy Research Working Paper Series, No. 421, 2009.

Zak, P. and S. Knack, "Trust and Growth", Economic Journal, Vol.111, 2001, pp. 295-321.

索 引

J

K

L

M

N

O

P

Q

R

S

X

Y

Z

后　记

时光荏苒，不经意间外出求学之路已经走过十余载，从最初开始学术研究的懵懵懂懂，到收获成果积攒起来的些许信心，期间虽也经历坎坷艰辛，但每一次的小小收获都会让我感受到莫大的欣慰和鼓舞。一路走来，需要感谢太多的老师、同学和朋友给予我的无私关怀和帮助。

博士毕业后，非常幸运能来到中国社会科学院经济研究所博士后流动站学习工作。首先，要特别感谢我的导师张平教授，在我人生的重要阶段给予我悉心的指导和无私的关怀。张老师国际化的研究视野、严谨勤奋的治学作风、前沿而精深的学术造诣以及对科研工作的满腔热情，无时无刻不在激励与鞭策着我，老师的言传身教使我终身受益。同时，张老师谈吐幽默，极具亲和力，同时又具有知识分子追求自由和正义的品格，使学生们都深受感染。其次，要衷心感谢经济增长理论研究室刘霞辉教授和袁富华教授。这两位老师在我在站学习工作期间，给予我学习上、生活上无微不至的指导和关怀，让我倍感温暖。同时，他们深厚的学术造诣和严谨的治学态度，对我产生了潜移默化的影响，即使在日常的交流中也会让我深受启发，使我获益良多。

同时，也要特别感激经济所各位领导、前辈以及求学路上遇到的众多师友、同学对我一直以来的关照、鼓励和支持。感谢赵志君教授、仲继银教授、张自然研究员、王宏淼研究员、吴延兵研究员、郭路副研究员和张小溪副研究员等对我工作和学习的关心。同时，感谢师门各位兄弟姐妹，包括付敏杰师兄、陆明涛师兄、张鹏师兄、黄胤英师姐、陆江源师弟和郭敏师妹、侯燕磊师妹等，在学习和生活中给予我的无私帮助。最后，要感谢我的家人对我的支持和鼓励。

本人结合博士和博士后阶段的一些研究成果，同时依照党的十九大报告的最新要求，对一些研究内容进行补充完善，形成了本书目前的框架和内容，并于 2018 年初投稿参与第七批《中国社会科学博士后文库》的评选，非常幸运能够入选并最终得以出版。在本书申请出版过程中，感谢中国社会科学院经济研究所张平教授和刘霞辉教授的推荐。同时，经济管理出版社的宋娜主任自始至终热情、细致、周到地对书稿的出版事宜予以答疑解惑，在此一并表示真挚的感谢！

需要说明的是，本书的观点和内容仅是本人近些年来对相关问题的思考和探索，并不代表所在单位的意见。由于本人学识和阅历有限，难免会有疏漏，书中的一些观点和内容有待进一步商榷和完善，敬请读者批评指正。

楠玉于北京栗林山庄

2018 年 7 月 26 日

专家推荐表

第七批《中国社会科学博士后文库》专家推荐表 1			
推荐专家姓名	张平	行政职务	
研究专长	经济增长理论	电　　话	
工作单位	中国社会科学院经济研究所	邮　　编	
推荐成果名称	《长期经济增长的趋势与动力研究：国际比较与中国实证》		
成果作者姓名	楠玉		

（对书稿的学术创新、理论价值、现实意义、政治理论倾向及是否达到出版水平等方面做出全面评价，并指出其缺点或不足）

本书关注中国长期经济增长的趋势和动力问题，通过对增长减缓和增长加速的数值化界定，便于刻画中国及其他国家的增长阶段性特征以及不同阶段驱动增长的动力因素差异，为找寻新时期中国向高质量发展阶段转变的增长动力源提供了理论依据和数据支撑，这是本书稿的理论价值所在；同时，对中国这样一个大国跨越中等收入阶段的讨论，也可以为拉美等处于中等收入阶段面临同样问题的国家提供可资借鉴的增长经验，产生良好的示范和引领作用，这是本研究的现实意义所在。

该书稿的学术创新主要体现为以下几点：第一，本研究借鉴国外相关研究，给出增长减缓和增长加速数值化界定方法，便于统计描述中国及各省份增长特征并展开分析。第二，利用增长加速和增长减缓的数值界定，分析了中国经济增长的阶段性特征以及不同区域增长转移情况。第三，在基于创新的内生增长理论框架内，将信息社会资本引入研发部门函数，分析由于信息社会资本投资导致多重均衡产生的可能性，挖掘信息社会资本推动经济稳定增长的内在理论机制。第四，刻画出经济稳定增长指标，区分不同因素在不同阶段对经济增长和经济稳定增长的不同影响。第五，本研究分别考察了基本原因或直接原因对经济稳定增长的不同作用，同时进一步分析了金融分权和市场化改革对增长的影响。

该书稿政治理论倾向良好，研究内容与党对未来中国经济发展的规划和要求高度一致，同时，积极借鉴党新时期的思想理论丰富和完善研究成果，具有较高的政治理论基础。

该书稿研究内容完善，具有一定的理论创新和较强的现实意义，已达到出版要求，特予以推荐。

签字：张平

年　月　日

说明：该推荐表由具有正高职称的同行专家填写。一旦推荐书稿入选《博士后文库》，推荐专家姓名及推荐意见将印入著作。

第七批《中国社会科学博士后文库》专家推荐表 2

推荐专家姓名	刘霞辉	行政职务	编辑部主任
研究专长	经济增长理论	电　　话	
工作单位	中国社会科学院经济研究所	邮　　编	
推荐成果名称	《长期经济增长的趋势与动力研究：国际比较与中国实证》		
成果作者姓名	楠玉		

（对书稿的学术创新、理论价值、现实意义、政治理论倾向及是否达到出版水平等方面做出全面评价，并指出其缺点或不足）

该书稿立足于中国经济如何应对可能面临的“中等收入陷阱”威胁的视角，通过对增长减缓、增长加速等增长阶段性特征的数值化界定和描述，分析了中国长期经济增长的趋势特征，并进一步对中国不同阶段的增长动力问题进行讨论。该研究的理论价值在于为新时期中国向高质量发展阶段转变的增长动力提供了理论依据和数据支撑；同时，该书稿也具有较强的现实意义，对中国这样一个大国跨越中等收入阶段的经验讨论，也可以为面临同样问题的国家提供可资借鉴的增长经验，在国际社会中产生良好的引领和示范作用。

该书稿的学术创新主要体现为以下几点：第一，作者借鉴国外相关研究，给出增长减缓和增长加速数值化界定方法，便于统计描述中国及各省份增长特征并展开分析。第二，利用增长加速和增长减缓的数值界定分析经济增长的阶段性特征以及不同区域增长转移情况。第三，在基于创新的内生增长理论框架内，将信息社会资本引入研发部门函数，分析由于信息社会资本投资导致多重均衡产生的可能性，挖掘信息社会资本推动经济稳定增长的内在理论机制。第四，刻画出经济稳定增长指标。第五，分别考察了基本原因或直接原因对经济稳定增长的不同作用。

该书稿并未包含任何具有不良政治理论倾向的内容，研究主题与党对未来经济发展规划的要求高度一致，同时，该研究积极借鉴党新时期的思想理论丰富和完善自身的研究成果，具有较好的政治理论基础。

该书稿研究方法合理、规范，研究内容完整、丰富，具有一定的理论创新和较强的现实指导意义，已达到出版要求，特予以推荐。

签字：刘霞辉

年　月　日

说明： 该推荐表由具有正高职称的同行专家填写。一旦推荐书稿入选《博士后文库》，推荐专家姓名及推荐意见将印入著作。

经济管理出版社
《中国社会科学博士后文库》
成果目录

第一批《中国社会科学博士后文库》(2012 年出版)		
序号	书　名	作　者
1	《"中国式"分权的一个理论探索》	汤玉刚
2	《独立审计信用监管机制研究》	王　慧
3	《对冲基金监管制度研究》	王　刚
4	《公开与透明：国有大企业信息披露制度研究》	郭媛媛
5	《公司转型：中国公司制度改革的新视角》	安青松
6	《基于社会资本视角的创业研究》	刘兴国
7	《金融效率与中国产业发展问题研究》	余　剑
8	《进入方式、内部贸易与外资企业绩效研究》	王进猛
9	《旅游生态位理论、方法与应用研究》	向延平
10	《农村经济管理研究的新视角》	孟　涛
11	《生产性服务业与中国产业结构演变关系的量化研究》	沈家文
12	《提升企业创新能力及其组织绩效研究》	王　涛
13	《体制转轨视角下的企业家精神及其对经济增长的影响》	董　昀
14	《刑事经济性处分研究》	向　燕
15	《中国行业收入差距问题研究》	武　鹏
16	《中国土地法体系构建与制度创新研究》	吴春岐
17	《转型经济条件下中国自然垄断产业的有效竞争研究》	胡德宝

第二批《中国社会科学博士后文库》（2013年出版）		
序号	书　名	作　者
1	《国有大型企业制度改造的理论与实践》	董仕军
2	《后福特制生产方式下的流通组织理论研究》	宋宪萍
3	《基于场景理论的我国城市择居行为及房价空间差异问题研究》	吴　迪
4	《基于能力方法的福利经济学》	汪毅霖
5	《金融发展与企业家创业》	张龙耀
6	《金融危机、影子银行与中国银行业发展研究》	郭春松
7	《经济周期、经济转型与商业银行系统性风险管理》	李关政
8	《境内企业境外上市监管若干问题研究》	刘　轶
9	《生态维度下土地规划管理及其法制考量》	胡耘通
10	《市场预期、利率期限结构与间接货币政策转型》	李宏瑾
11	《直线幕僚体系、异常管理决策与企业动态能力》	杜长征
12	《中国产业转移的区域福利效应研究》	孙浩进
13	《中国低碳经济发展与低碳金融机制研究》	乔海曙
14	《中国地方政府绩效评估系统研究》	朱衍强
15	《中国工业经济运行效益分析与评价》	张航燕
16	《中国经济增长：一个“被破坏性创造”的内生增长模型》	韩忠亮
17	《中国老年收入保障体系研究》	梅　哲
18	《中国农民工的住房问题研究》	董　昕
19	《中美高管薪酬制度比较研究》	胡　玲
20	《转型与整合：跨国物流集团业务升级战略研究》	杜培枫

第三批《中国社会科学博士后文库》(2014 年出版)		
序号	书　名	作　者
1	《程序正义与人的存在》	朱　丹
2	《高技术服务业外商直接投资对东道国制造业效率影响的研究》	华广敏
3	《国际货币体系多元化与人民币汇率动态研究》	林　楠
4	《基于经常项目失衡的金融危机研究》	匡可可
5	《金融创新及其宏观效应研究》	薛昊旸
6	《金融服务县域经济发展研究》	郭兴平
7	《军事供应链集成》	曾　勇
8	《科技型中小企业金融服务研究》	刘　飞
9	《农村基层医疗卫生机构运行机制研究》	张奎力
10	《农村信贷风险研究》	高雄伟
11	《评级与监管》	武　钰
12	《企业吸收能力与技术创新关系实证研究》	孙　婧
13	《统筹城乡发展背景下的农民工返乡创业研究》	唐　杰
14	《我国购买美国国债策略研究》	王　立
15	《我国行业反垄断和公共行政改革研究》	谢国旺
16	《我国农村剩余劳动力向城镇转移的制度约束研究》	王海全
17	《我国吸引和有效发挥高端人才作用的对策研究》	张　瑾
18	《系统重要性金融机构的识别与监管研究》	钟　震
19	《中国地区经济发展差距与地区生产率差距研究》	李晓萍
20	《中国国有企业对外直接投资的微观效应研究》	常玉春
21	《中国可再生资源决策支持系统中的数据、方法与模型研究》	代春艳
22	《中国劳动力素质提升对产业升级的促进作用分析》	梁泳梅
23	《中国少数民族犯罪及其对策研究》	吴大华
24	《中国西部地区优势产业发展与促进政策》	赵果庆
25	《主权财富基金监管研究》	李　虹
26	《专家对第三人责任论》	周友军

第四批《中国社会科学博士后文库》（2015 年出版）

序号	书 名	作 者
1	《地方政府行为与中国经济波动研究》	李 猛
2	《东亚区域生产网络与全球经济失衡》	刘德伟
3	《互联网金融竞争力研究》	李继尊
4	《开放经济视角下中国环境污染的影响因素分析研究》	谢 锐
5	《矿业权政策性整合法律问题研究》	郗伟明
6	《老年长期照护：制度选择与国际比较》	张盈华
7	《农地征用冲突：形成机理与调适化解机制研究》	孟宏斌
8	《品牌原产地虚假对消费者购买意愿的影响研究》	南剑飞
9	《清朝旗民法律关系研究》	高中华
10	《人口结构与经济增长》	巩勋洲
11	《食用农产品战略供应关系治理研究》	陈 梅
12	《我国低碳发展的激励问题研究》	宋 蕾
13	《我国战略性海洋新兴产业发展政策研究》	仲雯雯
14	《银行集团并表管理与监管问题研究》	毛竹青
15	《中国村镇银行可持续发展研究》	常 戈
16	《中国地方政府规模与结构优化：理论、模型与实证研究》	罗 植
17	《中国服务外包发展战略及政策选择》	霍景东
18	《转变中的美联储》	黄胤英

第五批《中国社会科学博士后文库》（2016年出版）		
序号	书　名	作　者
1	《财务灵活性对上市公司财务政策的影响机制研究》	张玮婷
2	《财政分权、地方政府行为与经济发展》	杨志宏
3	《城市化进程中的劳动力流动与犯罪：实证研究与公共政策》	陈春良
4	《公司债券融资需求、工具选择和机制设计》	李　湛
5	《互补营销研究》	周　沛
6	《基于拍卖与金融契约的地方政府自行发债机制设计研究》	王治国
7	《经济学能够成为硬科学吗?》	汪毅霖
8	《科学知识网络理论与实践》	吕鹏辉
9	《欧盟社会养老保险开放性协调机制研究》	王美桃
10	《司法体制改革进程中的控权机制研究》	武晓慧
11	《我国商业银行资产管理业务的发展趋势与生态环境研究》	姚　良
12	《异质性企业国际化路径选择研究》	李春顶
13	《中国大学技术转移与知识产权制度关系演进的案例研究》	张　寒
14	《中国垄断性行业的政府管制体系研究》	陈　林

第六批《中国社会科学博士后文库》（2017 年出版）		
序号	书　名	作　者
1	《城市化进程中土地资源配置的效率与平等》	戴媛媛
2	《高技术服务业进口技术溢出效应对制造业效率影响研究》	华广敏
3	《环境监管中的“数字减排”困局及其成因机理研究》	董　阳
4	《基于竞争情报的战略联盟关系风险管理研究》	张　超
5	《基于劳动力迁移的城市规模增长研究》	王　宁
6	《金融支持战略性新兴产业发展研究》	余　剑
7	《清乾隆时期长江中游米谷流通与市场整合》	赵伟洪
8	《文物保护经费绩效管理研究》	满　莉
9	《我国开放式基金绩效研究》	苏　辛
10	《医疗市场、医疗组织与激励动机研究》	方　燕
11	《中国的影子银行与股票市场：内在关联与作用机理》	李锦成
12	《中国应急预算管理与改革》	陈建华
13	《资本账户开放的金融风险及管理研究》	陈创练
14	《组织超越——企业如何克服组织惰性与实现持续成长》	白景坤

第七批《中国社会科学博士后文库》（2018 年出版）		
序号	书　名	作　者
1	《行为金融视角下的人民币汇率形成机理及最优波动区间研究》	陈　华
2	《设计、制造与互联网“三业”融合创新与制造业转型升级研究》	赖红波
3	《复杂投资行为与资本市场异象——计算实验金融研究》	隆云滔
4	《长期经济增长的趋势与动力研究：国际比较与中国实证》	楠　玉
5	《流动性过剩与宏观资产负债表研究：基于流量存量一致性框架》	邵　宇
6	《绩效视角下我国政府执行力提升研究》	王福波
7	《互联网消费信贷：模式、风险与证券化》	王晋之
8	《农业低碳生产综合评价与技术采用研究——以施肥和保护性耕作为例》	王珊珊
9	《数字金融产业创新发展、传导效应与风险监管研究》	姚　博
10	《“互联网+”时代互联网产业相关市场界定研究》	占　佳
11	《我国面向西南开放的图书馆联盟战略研究》	赵益民
12	《全球价值链背景下中国服务外包产业竞争力测算及溢出效应研究》	朱福林
13	《债务、风险与监管——实体经济债务变化与金融系统性风险监管研究》	朱太辉

《中国社会科学博士后文库》征稿通知

为繁荣发展我国哲学社会科学领域博士后事业，打造集中展示哲学社会科学领域博士后优秀研究成果的学术平台，全国博士后管理委员会和中国社会科学院共同设立了《中国社会科学博士后文库》（以下简称《文库》），计划每年在全国范围内择优出版博士后成果。凡入选成果，将由《文库》设立单位予以资助出版，入选者同时将获得全国博士后管理委员会（省部级）颁发的“优秀博士后学术成果”证书。

《文库》现面向全国哲学社会科学领域的博士后科研流动站、工作站及广大博士后，征集代表博士后人员最高学术研究水平的相关学术著作。征稿长期有效，随时投稿，每年集中评选。征稿范围及具体要求参见《文库》征稿函。

联系人：宋　娜　主任

联系电话：01063320176；13911627532

电子邮箱：epostdoctoral@126.com

通讯地址：北京市海淀区北蜂窝 8 号中雅大厦 A 座 11 层经济管理出版社《中国社会科学博士后文库》编辑部

邮编：100038

经济管理出版社